Bernard Shaw

PIGMALEÃO

Um romance em cinco atos

Tradução de

MILLÔR FERNANDES

www.lpm.com.br

L&PM POCKET

Coleção **L&PM** POCKET, vol. 427

Texto de acordo com a nova ortografia.

Primeira edição na Coleção **L&PM** POCKET: junho de 2005
Esta reimpressão: junho de 2023

Título original: *Pygmalion*

Tradução: Millôr Fernandes
Tradução do prefácio: Ana Ban
Capa: L&PM Editores
Revisão: Renato Deitos e Larissa Roso

S534p

Shaw, George Bernard, 1856-1950.
    Pigmaleão / George Bernard Shaw; tradução de Millôr Fernandes. –
Porto Alegre : L&PM, 2023.
    176 p. ; 18 cm. – (Coleção L&PM POCKET; v. 427)

    ISBN 978-85-254-1401-4

    1.Literatura irlandesa-teatro-comédias. I.Título. II.Série.

                                      CDD Ir822
                                      CDU 821.111(415)-22

Catalogação elaborada por Izabel A. Merlo, CRB 10/329.

© da tradução, Millôr Fernandes, 1995, 2005
© 1913, 1914, 1916, 1930, 1941, 1944, George Bernard Shaw
© 1957, The Public Trustee as Executor of the Estate of George Bernard Shaw

Todos os direitos desta edição reservados a L&PM Editores
Rua Comendador Coruja 314, loja 9 – Floresta – 90.220-180
Porto Alegre – RS – Brasil / Fone: 51.3225.5777

PEDIDOS & DEPTO. COMERCIAL: vendas@lpm.com.br
FALE CONOSCO: info@lpm.com.br
www.lpm.com.br

Impresso no Brasil
Inverno de 2023

GEORGE BERNARD SHAW
(1856-1950)

GEORGE BERNARD SHAW nasceu em Dublin, Irlanda, em 1856, oriundo de uma família protestante. Teve uma educação irregular, devido à sua resistência a qualquer tipo de treinamento mais rígido. Mudou-se para Londres em 1876, ainda jovem, e na Inglaterra passaria a maior parte da sua vida, apesar de nunca ter se conformado com a política inglesa em relação à Irlanda. Autodidata, levou adiante a sua própria educação no British Museum e interessou-se profundamente por assuntos culturais, como a música e as letras (encantou-se particularmente com a obra do dramaturgo norueguês Henrik Ibsen, pela qual seria muito influenciado). Tornou-se um socialista e um brilhante orador. Em 1884 Shaw fundou a Fabian Society (cujo manifesto ele próprio redigiu), que propunha um socialismo pacífico e reformista e que viria a ter grande influência política na Inglaterra. Através dessa sociedade editou seus *Ensaios fabianos sobre o socialismo*, favoráveis a um socialismo moderado, desvinculado do marxismo. Seus primeiros escritos revelam um temperamento panfletário, indignado pelas injustiças sociais e buscando uma solução para elas através da denúncia da hipocrisia.

Em 1888, Shaw começou a exercer a crítica musical e defendeu com entusiasmo a obra de Richard Wagner. Em 1885, criou polêmica ao tratar com irreverência a obra de William Shakespeare. Começou a carreira literária com romances, até que sua atividade de crítico teatral levou-o a escrever peças para ilustrar suas posições contra o teatro inglês. Escreveu, também, sobre diversos temas da atualidade: *Common Sense about the War* (1914), *How to Settle the Irish Question* (1917) e *The Intelligent Woman's Guide to Socialism and Capitalism* (1928).

Embora fosse essencialmente tímido, acabou criando o mito-personagem George Bernard Shaw, conhecido como *showman*, satirista espirituoso, polemista, crítico, bufão intelectual e dramaturgo. A partir dele, comentadores da sua obra cunharam um novo adjetivo para a língua inglesa: *shavian*, termo usado para abarcar todas as versáteis e brilhantes qualidades do autor.

Seus textos críticos foram compilados em vários volumes, como *Music in London 1890-1894*, *Pen Portraits and Reviews* e *Our Theatre in the Nineties*. Shaw também escreveu nove romances, incluindo *Cashel Byron's Profession* e uma coletânea de textos ficcionais curtos, publicada como *Aventura de uma negrinha que procurava Deus* (*Black Girl in Search of God and Some Lesser Tales*). Entretanto, costuma-se considerar as suas muitas peças (no total são 52), nas quais retratava com virulência os vícios da sociedade vitoriana, o melhor da sua produção literária. Entre elas estão: *Peças agradáveis e desagradáveis* (*Plays Pleasant and Unpleasant*, 1898), *Peças para puritanos* (*Plays for Puritans*, 1901), *Widower's Houses* (1892), em que faz uma sátira da usura, *A profissão da sra. Warren* (*Mrs. Warren's profession*, 1893), em que denuncia a prostituição, *O homem e as armas* (*Arms and the Lan*, 1894), em que satiriza o mito do heroísmo, *Major Bárbara* (*Mayor Bárbara*, 1905), que parodia sobre o poder dos vendedores de canhões. Apenas em *Santa Joana* (*Saint Joan*, 1923), que entre os críticos rivaliza com *Pigmaleão* pelo lugar de obra-prima do autor, o sarcasmo cede lugar ao lirismo, ao recontar a história da donzela francesa, da Idade Média até a modernidade.

A comédia *Pigmaleão* é uma das peças mais famosas de Shaw. Vem sendo encenada com estrondoso sucesso desde 1912 e em 1964 foi adaptada para o cinema sob o título de *My Fair Lady*, sob direção de George Cukor, com Audrey Hepburn. No Brasil, foi levada aos palcos também na década de 60, estrelada por Paulo Autran e Bibi Ferreira. Nela, o dramaturgo debruça-se, com graça e espirituosidade, sobre um dos principais pilares da sociedade vitoriana: a diferença de classe social, e como essa diferença é percebida pela fala das pessoas. Dramática, cômica e por vezes panfletária, esta peça mostra o melhor de George Bernard Shaw, um dos teatrólogos mais encenados em todo mundo. Em 1925, Shaw recebeu o Prêmio Nobel de Literatura pelo "seu trabalho, que é marcado pelo idealismo assim como pela humanidade, e pelo fato de sua sátira estimulante ser frequentemente infundida por uma beleza poética singular". Faleceu em 1950.

PREFÁCIO

Um professor de fonética

Como se verá posteriormente, *Pigmaleão* não precisa de um prefácio, mas sim de uma sequência, que forneci no local adequado.

Os ingleses não respeitam sua língua, e não sou eu quem vou ensiná-la a seus filhos. Não sabem soletrar as palavras porque não dispõem de nada para fazê-lo a não ser um alfabeto antigo e estrangeiro do qual apenas as consoantes – e nem todas elas – têm algum valor de discurso agregado. Consequentemente, homem nenhum é capaz de afirmar a si mesmo qual deve ser o som a partir da leitura; e é impossível para um inglês abrir a boca sem fazer com que outro inglês o despreze. A maior parte das línguas europeias agora estão à disposição dos estrangeiros em preto no branco: mas o inglês e o francês não são desta maneira acessíveis nem aos ingleses nem aos franceses. O reformista de que mais precisamos atualmente é um enérgico entusiasta da fonética: foi por isso que fiz de alguém assim o herói de uma peça popular.

Já existiram heróis desse tipo gritando no meio da floresta durante muitos anos. Quando me interessei pelo assunto, já no final da década de 1870, o ilustre Alexander Melville Bell, o inventor do Visible Speech [discurso visual], tinha emigrado para o Canadá, onde seu filho inventou o telefone; mas Alexander J. Ellis continuava sendo um patriarca londrino, com sua cabeça impressionante, sempre coberta por um pequeno gorro de veludo preto, pelo qual ele se desculpava em encontros públicos de maneira muito cortês. Ele e Tito Pagliardini, outro veterano da fonética, eram homens dos quais era impossível de não gostar. Henry Sweet, que na época era um rapaz, não tinha caráter tão agradável quanto eles: era mais ou menos tão conciliatório em relação aos mortais convencionais quanto Ibsen ou Samuel Butler. Sua maior habilidade como especialista em fonética (ele era, creio, o melhor entre todos eles) seria suficiente para lhe garantir alto reconhecimento oficial, e talvez permitisse que ele popularizasse seu ofício, se não fosse por seu desprezo satânico por todos os dignitários acadêmicos e as pessoas de modo geral, que tinham em mais alta conta o grego do que a fonética. Certa vez, na época em que o Instituto Imperial surgia em South Kensington, e Joseph Chamberlain fazia o Império crescer, induzi o editor de uma revista mensal de renome a encomendar a Sweet um artigo sobre a importância fundamental de seu ofício. Quando o texto chegou, continha apenas um ataque selvagem e cheio de escárnio a um professor de língua e literatura, cuja cadeira Sweet julgava adequada apenas a um especialista em fonética. O artigo, por ser difamatório, teve que ser devolvido como impossível de ser publicado; e eu tive de renunciar ao meu sonho de colocar esse autor sob os refletores. Quando o encontrei depois disso, pela primeira vez em muitos anos, descobri para minha surpresa que ele, que tinha sido um jovem de aparência bastante tolerável, tinha conseguido, por meio do mais puro desdém, alterar sua aparência pessoal até se transformar em uma espécie de repúdio ambulante a Oxford e a todas as suas tradições. Deve ter sido em grande parte contra sua própria vontade que ele acabou sendo lá espremido para uma coisa chamada leitura de fonética. O futuro da fonética provavelmente depende de seus alunos, todos absolutamente dedicados a ele; mas nada podia fazer com que o homem em si se comprometesse em qualquer grau com a universidade a que ele, no entanto, apegava-se por direito divino de maneira intensamente oxfordiana. Atrevo-me a dizer que seus tratados, se é que deixou algum, incluem sátiras que poderão ser publicadas sem resultados excessivamente destrutivos daqui a cinquenta anos. Ele foi, acredito, um homem de modo algum mal-intencionado: foi bem o oposto, devo dizer; mas não toleraria incompetência alguma; e, para ele, todos os acadêmicos que não tivessem interesse insano pela fonética eram tolos.

Quem o conheceu será capaz de identificá-lo no terceiro ato, na alusão que faço à estenografia corrente, que ele usava para escrever cartões-postais. Pode ser aprendida por meio de um manual de 46 centavos publicado pela Clarendon Press. Os cartões postais que a sra. Higgins descreve são iguais aos que eu recebia de Sweet. Eu decifrava um som que um *cockney* [caipira] representaria por *zerr*, e um francês, por *seu*, e então escrevia, perguntando com certa ênfase, que diabos aquilo significava. Sweet, com seu desprezo sem limites por minha idiotice, respondia que aquilo, além de significar obviamente *result* [resultado], também era a única palavra existente em qualquer língua falada na Terra que continha aquele som e que era capaz de fazer sentido no contexto. O fato de mortais menos especializados precisarem de indicações mais precisas estava além da paciência de Sweet. Portanto, apesar de o objetivo exato de sua estenografia ser expressar cada som da língua com perfeição, as vogais assim como as consoantes, e fazer com que a mão que escreve desenhe apenas os traços mais fáceis e mais comuns usados para escrever *m, n, u, l, p e q,* rabiscando as letras em qualquer ângulo que lhe seja mais confortável, sua infeliz determinação de fazer com que este tipo de escrita notável e bastante legível servisse também como estenografia reduzia sua prática aos mais inescrutáveis dos criptogramas. Seu verdadeiro objetivo era fornecer uma escrita completa, precisa e legível para nossa língua; mas ele se desviou desse objetivo devido ao seu desprezo pelo famoso sistema Pitman de estenografia, que chamava de sistema *Pitfall* [cilada]. O êxito de Pitman era o triunfo da organização dos negócios: havia um jornal semanal para convencer as pessoas a aprender o método Pitman: havia livros didáticos e de exercícios baratos, com transcrições de discursos a ser copiadas, e escolas onde professores com experiência treinavam os alunos para alcançar a proficiência necessária. Sweet não conseguiu organizar seu mercado dessa maneira. Ele poderia muito bem ter sido Sibila, que rasgou as folhas de profecia que ninguém queria escutar. O manual de 46 centavos, impresso em sua maior parte na caligrafia litografada dele próprio, que nunca chegou a ser anunciado de modo vulgar, pode algum dia ser adotado por uma empresa de licenciamento e empurrado para o público como [o jornal] *The Times* empurrou a *Encyclopaedia Britannica*; mas, até lá, com certeza não vai prevalecer sobre o de Pitman. Comprei três exemplares dele na minha vida; e fui informado pelos editores que sua existência reclusa continua firme e forte. Na verdade, aprendi o sistema duas vezes; e, no entanto, a estenografia que uso para escrever estas linhas é a de Pitman. E a razão para isso é o fato de minha secretária não saber transcrever o método de Sweet, já que, forçosamente, estudou nas escolas de Pitman. Na América, eu poderia usar a estenografia comercialmente organizada de Gregg, que tomou a dica de Sweet e fez com que suas letras pudessem ser escritas (da maneira corrente, como Sweet teria chamado a solução) em vez de ter de ser desenhadas de maneira geométrica como acontece com Pitman; mas todos esses sistemas, incluindo o de Sweet, estragam-se por estarem disponíveis para a transcrição *verbatim*, em que é impossível a grafia e a divisão de palavras completas e exatas. A transcrição fonética exata e completa não é praticável nem necessária para o uso comum; mas se expandirmos nosso alfabeto até o tamanho do russo, e fizermos da nossa ortografia algo tão fonético quanto a espanhola, o avanço será prodigioso.

O Higgins de *Pigmaleão* não é um retrato de Sweet, a quem a aventura de Eliza Doolitle teria sido impossível; ainda assim, como se verá, há toques de Sweet na peça. Com o físico e o temperamento de Higgins, Sweet poderia ter colocado fogo no Tâmisa. Da maneira como tudo aconteceu, ele deixou sua impressão na Europa de modo que sua obscuridade pessoal, e a incapacidade de Oxford de fazer justiça a sua eminência, fosse um enigma para especialistas estrangeiros no assunto. Eu não culpo Oxford, porque acho que Oxford tem boa razão de exigir uma certa amenidade social da parte de seus frutos (Deus sabe que a instituição não é exorbitante em seus requerimentos!); porque apesar de eu saber muito bem como é difícil para um homem genial em um ofício seriamente desprezado manter relações serenas e simpáticas com os homens que o desprezam e que guardam todos os melhores lugares para assuntos de menor importância que professam sem originalidade e às vezes sem muita capacidade para tanto, ainda assim, se ele os exaspera com ira e desdém, não pode esperar que lhe cubram de honrarias.

Sei pouco a respeito das gerações posteriores de especialistas em fonética. Entre elas destaca-se Robert Bridges, a quem Higgins talvez possa dever suas simpatias miltonianas, apesar de mais uma vez eu ser obrigado a negar que tenha retratado alguma pessoa real. Mas se a peça faz o público se dar conta de que existe gente que trabalha com fonética, e que essas pessoas estão entre as mais importantes da Inglaterra atualmente, vai cumprir a sua finalidade.

Não desejo me gabar de que *Pigmaleão* tenha sido uma peça de sucesso extremo, tanto no palco quanto na tela, por toda a Europa e a América do Norte e também no meu país. Ela é tão intensa e deliberadamente didática, e seu tema é considerado tão seco, que eu me deleito em esfragá-lo na cara dos sabichões que repetem como papagaios que a arte não deve ser didática. Só serve para comprovar meu argumento de que a grande arte nunca pode ser nada diferente disso.

Finalmente, e para incentivar as pessoas que têm problemas com sotaques que fazem com que sejam preteridas em empregos de alto nível, devo dizer ainda que a mudança incutida pelo professor Higgins na florista não é nem impossível nem incomum. A filha de um *concierge* contemporâneo que atingiu seu objetivo ao representar a rainha da Espanha de Rui Blas no Théâtre Français é só uma pessoa entre os milhares de homens e mulheres que se livraram de seu dialeto nativo e adquiriram uma nova língua. Nossos atendentes de lojas e empregados domésticos do West End são bilíngues. Mas a coisa precisa ser feita de modo científico, ou o estado final do aspirante pode ficar pior do que o inicial. Um dialeto de cortiço honesto é mais tolerável do que as tentativas de pessoas sem instrução fonética de imitar a plutocracia. Floristas ambiciosas que leem esta peça não devem imaginar que podem ser capazes de se passar por damas refinadas por meio de imitação sem ter um tutor. Devem reaprender seu alfabeto desde o início, de uma maneira diferente, com um especialista. A imitação só vai ridicularizá-los.

PIGMALEÃO

ATO I

Londres, às 11h15 da noite. Torrentes de chuva, grossa, de verão. Apitos frenéticos em todas as direções, chamando táxis. Pessoas correm, buscando abrigo no pórtico da igreja de São Paulo (não a catedral de Wren, a igreja de Inigo Jones, no mercado de legumes de Covent Garden). Entre essas estão uma senhora e sua filha, vestidas com roupas de gala. Todos contemplam a chuva com olhar desesperançado, exceto um homem que, de costas pro resto, está apenas preocupado com o que escreve num caderno de notas. O relógio da igreja bate um quarto de hora.

FILHA: *(Encolhida no espaço entre as colunas centrais do pórtico.)* Estou gelada até os ossos. Onde é que Freddy se meteu esse tempo todo? Saiu daqui há mais de meia hora.

MÃE: *(À direita da filha.)* Que é isso? Não tem nem dez minutos. Está arranjando o táxi.

HOMEM: *(À direita da senhora.)* Êli num vai pergá carro ninhum cum essi toró, num sinhora. Só lá pras meia-noite. Dispois do pensoal todu dus triatru i pra casa drumi.

MÃE: Mas nós temos que arranjar um táxi. Não podemos permanecer aqui, de pé, até à meia-noite. Não é possível que não haja um táxi.

Homem: Num mi olha ansim não, madama. A curpa num é minha.

Filha: Se Freddy tivesse um mínimo de iniciativa tinha pegado um táxi na porta do teatro.

Mãe: O que é que o rapaz podia fazer com aquela multidão?

Filha: A multidão toda pegou táxi. Só ele é que não. *(Freddy se materializa no meio da chuva, vindo do lado da rua Southampton. Vem fechando um guarda-chuva. Está todo molhado. É um rapaz de vinte anos, já com acentuada gordura na cintura. Veste* smoking.*)*

Filha: Quer dizer que você não arranjou um táxi?

Freddy: Nem com dinheiro, nem com conversa.

Mãe: Ah, Freddy, não é possível. Você desistiu logo! Tem que haver um táxi.

Filha: Coisa mais cansativa. Você quer que eu e mamãe saiamos correndo por aí atrás de um carro?

Freddy: Eu já disse; estão todos ocupados. A chuva caiu de repente; ninguém estava preparado; todo mundo correu pros táxis. Fui até Charing Cross e, depois, pro outro lado, andei até Ludgate Circus; não passou um táxi vazio.

Mãe: Você tentou na praça Trafalgar?

Freddy: Lá é que não tem mesmo nenhum. Nem vazio nem cheio.

Mãe: Você foi até lá?

Freddy: Fui até a estação de Charing Cross, já disse.

A senhora queria que eu andasse até Westminter? Era melhor ir a pé pra casa.

Filha: Você desiste com uma facilidade.

Mãe: Você é mesmo tão sem expediente, Freddy. Procura de novo, de qualquer maneira; e não me volta aqui sem um táxi.

Freddy: Vou me ensopar à toa. Bem, eu que me sacrifique.

Filha: E nós; vamos ficar a noite inteira aqui, nesta ventania, só com essa roupinha no corpo? Que egoísmo, meu Deus...

Freddy: Está bem, eu vou, eu vou. Eu já disse, eu vou. *(Abre o guarda-chuva.)* Lá vou eu. *(Sai correndo na direção de Strand, mas colide com uma florista que vem correndo em direção contrária, procurando abrigo. Joga o cesto dela no chão. Um fulgor de raio, seguido pelo estrondo de um trovão, orquestra e ilumina o incidente.)*

Florista: Dirvagá cum a loça, Ferderico. Num inxerga não, hômi?

Freddy: Desculpe. *(Sai correndo.)*

Florista: *(Recolhendo as flores e colocando-as de novo na cesta.)* Qui inducação, qui modos, nossa sinhora. Cincos burquês de mangnólias artolados na lama. *(Senta-se no rebordo da coluna, escolhendo as flores que não se estragaram. Está à direita da senhora. Não é, em absoluto, uma figura romântica. Deve ter dezoito ou vinte anos, não mais que isso. Usa um pequeno chapéu de marinheiro, de palha preta, há anos exposto ao pó e à sujeira de Londres sem ter sido escovado uma única vez. O cabelo dela precisa de uma* *lavagem imediata: não é possível que essa cor de rato seja natural. Veste um casaco preto surrado, o qual lhe cai até os joelhos, apertando na cintura. Tem uma saia marrom e um avental ordinário. E calça botas sujas e velhas. É indubitável que essa jovem está tão limpa quanto é possível, em suas condições; mas, comparada com as duas mulheres, está sujérrima. Seus traços também não são piores do que os das duas mulheres; mas o estado em que se encontram é deplorável. Sem falar que precisa imediatamente dos cuidados de um dentista.)*

MÃE: Como é que você sabe que meu filho se chama Frederico?

FLORISTA: Ah, a sinhora é a mãe du moço? Mãe boa, hein, qui insina êssis modus pru filho; bota as fror tudo no artolero i corri sim nim pargá. A madama vai pargá. A madama vai pargá meus prijuízo?

[Atenção: aqui, o autor da peça, Bernard Shaw, que até este momento vinha procurando vagamente transformar em sinais gráficos a fala cockney *do personagem, desiste e diz textualmente: "Esta tentativa desesperada de reproduzir essa linguagem, sem um alfabeto especial correspondente, deve ser abandonada, porque é totalmente ininteligível fora de Londres". E G. B. S passa a escrever as falas em inglês normal, deixando a cargo dos atores transformar essas falas em* cockney. *O diretor brasileiro tem que considerar fundamentalmente esse problema. A peça* Pigmaleão *é, basicamente, o problema da marginalização de pessoas que, dentro de uma comunidade, falariam outra língua – isto é, uma língua tida por ignorante, rude –, o que lhes impede o acesso social.*

O tradutor avisa que é impossível, claro, traduzir cockney *para o português. Por outro lado não há a possibilidade de adaptação da peça pelo fato de que, no Brasil, não existe nenhum problema linguístico que se aproxime do criado por uma linguagem dialetal.*

Assim, o tradutor tentará criar uma língua que, não sendo de parte alguma, possa sugerir a ideia do cockney, *uma forma de baixeza linguística que faz com que representantes da elite repilam ligações mais íntimas (ligações sociais simples, quanto mais casamento!) com pessoas tão ignorantes. Para que essa tradução tenha efeito, é necessária a colaboração profunda de diretor e atores. O que inclui não transformar as palavras em nenhum sotaque regional (nordestino, gaúcho ou semelhante) reconhecível pelo público. Nada disso. A linguagem deve ser apenas estranha, com uma conotação, claro, de grossa incultura. Aqui e ali o público poderá reconhecer formas e maneiras de dizer universais, mas não deve poder localizar nenhum delas.]*

Filha: Não faz isso não, mãe! A ideia dela!

Mãe: Deixa, Clara. Você tem algum trocado aí?

Florista: *(Esperançosa.)* Eu tenho u distrocado, dona.

Mãe: *(Pra Clara.)* Me dá. *(Clara dá o dinheiro a ela, relutante.) (Pra florista.)* Pega aí. É pra pagar as tuas flores.

Florista: Eu munto a argradeço, madama.

Filha: Ela não vai dar o troco? Essas flores custam um *penny* a dúzia.

Mãe: Quer calar a boca um instantinho, Clara? *(À florista.)* Guarda o troco.

Florista: Oh, munto orbrigado, madama.

Mãe: Agora me diz como é que você sabia o nome do meu filho.

Florista: Eu num sarbia.

Mãe: E eu não ouvi você dizer o nome dele? Está querendo me enganar por quê?

Florista: *(Protestando.)* Quim é qui tá enganano a sinhora? Chamei êli di Fredinho ô di Carlinho cumu si farla prum istranho quano si qué sê argradávi.

Filha: Seis *pence* jogados fora! Ah, mãe, a senhora bem podia ter poupado isso a Freddy. *(Esconde-se, aborrecida, por trás da coluna. Um senhor de idade, com ar fino, tipo simpático de militar aposentado, corre pro abrigo, fechando um guarda-chuva. Está na mesma condição de Freddy, bastante molhado. Veste-se a rigor, com uma capa leve. Fica no lugar que a filha deixou vago.)*

Cavalheiro: Puxa!

Mãe: *(Pro cavalheiro.)* O senhor acha que ainda vai durar muito, essa chuva?

Cavalheiro: Eh! *(Como quem diz: "Vai!".)* Está engrossando ainda mais, agora. Piorou mesmo. *(Aproxima-se da florista. Põe o pé no plinto da coluna. Curva-se pra enrolar a bainha da calça.)*

Mãe: Ai, meu Deus. *(Afasta-se para junto da filha.)*

Florista: *(Aproveitando-se da aproximação do cavalheiro de aspecto militar para estabelecer intimidade com ele.)* Si piorô daí só pode milhorá. Qué dizê, coronér, u sinhô dévi ficá contenti i comprá uma fror da poubre frorista.

Cavalheiro: Não posso. Lamento. Não tenho nenhum trocado.

Florista: Eu dô u distroco, Coronér.

Cavalheiro: Você troca um soberano? É o menor que eu tenho.

Florista: Poucha! Compra uma fror di mim, Coronér. Eu distroco anté meia coroa. Oh; pur dois *pence*.

Cavalheiro: Fica boazinha e não insiste: está bem? *(Remexe nos bolsos.)* Realmente não tenho nenhum trocado. Opa! Achei. Três níqueis. Serve? *(Afasta-se pra outra coluna.)*

Florista: *(Desapontada mas achando que, afinal, três níqueis é melhor do que nada.)* Orbrigado.

Homem: Ti cuida: dá uma fror pra êli. Tem um tira aí ditrás inscreveno tudas as parlavras qui tu diz. *(Todos se viram pro homem que toma notas.)*

Florista: *(Se levantando aterrorizada.)* Eu num fiz nada! Qui é qui tem di errado farlá cum u moço? Tenho dereito di vendê minhas fror onde quizé, a num sê na carçada. *(Histérica.)* Eu sô uma moça direita. Só farlei pra êli comprá uma fror di mim. *(Há um bruaáá de gente falando ao mesmo tempo, de modo geral a favor da moça, só censurando o excesso de sensibilidade da parte dela. Gritos de "Deixa de faniquito, dondoca". "Ninguém qué ti farzê nada!" "Tem alguém ti chatiano?" "Para com êssi frozô todo". "Ta cum dô de barriga, sinsitiva?" "Carma, garota." Vêm dos vários setores. Os mais velhos tentam mesmo acalmá-la. Os mais impacientes mandam que ela cale o bico ou perguntam, grosseiramente, por que ela não vai reclamar noutra freguesia. Um grupo mais distante,* *não sabendo o que é que há, vai-se aproximando, aumentando o barulho e a confusão: "Qui foi qui arconteceu?" ."O que é que ela fez?" "Ele fugiu?" "Um tira quis lervá ela." "Onde?" "Aqui." "Olha êli ali." "Qual?" "Aquele ali." "Ela robô u cavalhero qui ia passar..." etc.)*

FLORISTA: *(Empurrando as pessoas pra se aproximar do homem que toma notas. Chora copiosamente.)* Meu sinhô, num dexa êli dá quexa de mim, pur farvô. U sinhô sabi o qui isso é? Êlis vão tirá minha licença di mim i me deixá na rua da amalgura. Só pruque eu farlei pru coronér comprá uma fror, só pur isso. Êlis...

TOMADOR DE NOTAS: *(Avançando pela direita dela. O resto vem atrás dele.)* Hei, hei, hei! Ninguém está querendo tirar nada de você, mulher boba! Está pensando que eu sou o quê?

HOMEM: Êli qué ti ajudá, ouvi êli. É um doutô, num tá veno? Oia só as bota dêli. *(Explicando para o tomador de notas.)* Ela tava pensano qui u sinhô era piolho de tira; tava memo.

TOMADOR DE NOTAS: *(Subitamente interessado.)* Piolho de tira? Que é que é isso?

HOMEM: *(Sem saber como definir.)* É, ansim cumo... bom, é... piolho di tira. Eu num sei dirzê pru sinhô *(lembra:)* caguete!

FLORISTA: *(Ainda histérica.)* Ponhu minha mão na Bibria Sargrada, qui nunca num tive tenção ninhuma di...

TOMADOR DE NOTAS: Ai, ai, ai! Fecha a matraca, mulher. *(Pro homem.)* Alcaguete, é? Delator? *(O homem acena que sim.)* E eu tenho cara de polícia?

Florista: *(Longe de achar que não.)* Intão pruque u sinhô inscreveu tudu? Cumu é qui eu sei qui u sinhô num inventô umas coisa aí qui eu nim num disse? Só mi mostra; pra vê o qui u sinhô inscreveu di mim. *(O tomador de notas abre seu livro e o encosta no nariz dela. A pressão das pessoas atrás dele teria derrubado um homem menos forte.)* Qui coisa é essa? Eu num não sei lê isso.

Tomador de notas: Eu sei. *(Lê, reproduzindo o jeito dela com exatidão.)* Si piorô, daí só pode milhorá. Et cetera. Et cetera... Compra uma fror duma poubre frorista, coronér.

Florista: *(Perturbada.)* É pruquê eu chamei êli di coronér! Eu num não quis ofendê. *(Ao tomador de notas.)* Ah, meu partrão. Num dexa êli dá quexa contra eu, só pur causa duma parlavrinha. U sinhô...

Cavalheiro: Parte? Ninguém vai dar parte de nada, menina. *(Ao tomador de notas.)* Por favor, cavalheiro, se o senhor é mesmo um detetive eu lhe peço que não tente me proteger das moças da rua a não ser quando seus serviços forem solicitados. Todo mundo viu que ela não tinha a menor má intenção.

Os transeuntes: *(Numa demonstração de revolta contra a espionagem policial.)* "Eu vi. Eu vi, sim senhor." "Num feiz nada!" "Pulícia é disgraça." "Qui é qui eli tem cum isso?" "Tá quereno prormoção." "Angora êlis inscrevem inté as coisa qui a gente diz nas rua." "A moça tava só vendendo as fror." "Não deixam pobre em paz." "Que coisa, seu moço. Não se pode nem ficar um pouco em baixo da marquise sem a polícia se meter." Et cetera. *(Os circunstantes mais simpáticos levam a* *florista prum lugar protegido, onde ela fica de novo sentada, remoendo sua emoção.)*

TRANSEUNTE: Ele num é tira – eu dirsse. Anté podi sê coisa pió, mais tira num é não. Ói só as bota dele.

TOMADOR DE NOTAS: *(Virando-se pra ele cordialmente.)* E teus parentes lá de Norfolk, estão bem?

TRANSEUNTE: *(Com suspeita.)* Quem lhi contô qui meu pressoar é di Nolfork?*

TOMADOR DE NOTAS: Esquece isso. Você é ou não é de Norfolk? *(Pra moça.)* E você, como é que veio bater aqui? Você nasceu em Lisson Grovo.

FLORISTA: *(Assombrada e assustada.)* Qui é qui tem di errado eu nascê im Lirsson Grouvi?** Lá um dava nim prum porco virvê bem, aquele chiquero. I mi coubravum quatros pence pur semana. *(Chorando.)* Oh-buuuuu-Oh-buuuuu...

TOMADOR DE NOTAS: Pelo amor de Deus, mora onde bem entender, mas para com esse berreiro.

CAVALHEIRO: Vamos, vamos, menina. Ele não vai fazer nada com você. Você tem direito de morar onde quiser.

TRANSEUNTE SARCÁSTICO: *(Metendo-se entre o tomador de notas e o cavalheiro.)* No Palácio de Buckingham, por exemplo. Será que tem mesmo o direito, cavalheiro?

---

* Repito, a maneira de escrever é só para lembrar ligeiras nuances de pronúncia que podem dar impressão de sotaque. Nada especialmente forte. (N. T.)

** Os nomes em inglês, sempre, devem ser ditos sem pretensão, tão errados quanto as outras palavras. Quando ditos pelas personagens mais populares, devem ser pronunciados mesmo de maneira ainda mais simples, como quem diz Madureira ou Cascadura. (N. T.)

Eu gostaria de discutir os problemas de habitação popular com Vossa Excelência.

FLORISTA: *(Caindo numa pesada melancolia, curvando-se sobre a cesta de flores e falando pra si mesma.)* Eu sô uma boa rarpariga, juro. Eu sô.

TRANSEUNTE SARCÁSTICO: O senhor sabe de onde é que eu sou?

TOMADOR DE NOTAS: *(Sem hesitar.)* Hoxton. *(Risadinhas reprimidas. Aumenta o interesse geral pela performance do tomador de notas.)*

TRANSEUNTE SARCÁSTICO: *(Bestificado.)* Pois sim, senhor. E não é que é mesmo, que Deus me cegue?! Que homem perigoso, seu.

FLORISTA: *(Ainda alimentando seus pruridos.)* Num tem dereito di si metê cumigo, num tem.

OUTRO TRANSEUNTE: Craro qui num tem. Infrenta êli, minina. *(Ao tomador de notas.)* Ói qui; quim lhi autorizô a fuçá a vida da moça qui u sinhô num tem nada qui vê, nem nunca si meteu cum u sinhô?

FLORISTA: Deixa êli fala u qui bem quirzé – eu num quero é increnca.

TRANSEUNTE: U sinhô nus trarta ansim mas num tem carage di fazê u mesmo cum o carvalhero aí. Eu quiria vê.

TRANSEUNTE SARCÁSTICO: Pois é: lê a sorte dele. Diz de onde é que ele vem.

TOMADOR DE NOTAS: Nasceu em Cheltenham, morou em Harrow, cursou a universidade de Cambridge, esteve na Índia.

Cavalheiro: Perfeito! Perfeitíssimo! *(Risos e aplausos. Reação em favor do tomador de notas. Exclamações: "Ele sabe tudo, o lanfranhudo". "Foi duvidá, taí, lervou a dele." "Puxa, êli sabe a vida toda du hômi." "Vai vê us dois tão num gorpe." Etc.)*

Cavalheiro: Perdão, cavalheiro, pela pergunta: mas o senhor por acaso ganha a vida com isso? Faz algum número de teatro de revista?

Tomador de notas: Sabe que eu nunca pensei nisso? Mas não é uma má ideia. *(A chuva parou e as pessoas começam a se dispersar.)*

Florista: *(Sentindo-se abandonada.)* Uma cruerdadi mesma, trartá ansim uma persoa qui num tem cumo si difendê.

Filha: *(Paciência esgotada, abrindo caminho grosseiramente por entre os homens, os quais se afastam à sua passagem.)* Onde será que Freddy se meteu? Se eu ficar nesta corrente de ar mais um minuto vou acabar pegando uma *(pedante)* pneumonia.

Tomador de notas: *(Pra si mesmo, rapidamente, tomando nota da pronúncia dela.)* Earlscourt.

Filha: *(Violenta.)* Quer fazer o favor de guardar suas observações impertinentes para seu próprio uso?

Tomador de notas: Eu falei alto? Desculpe, não pretendia. A senhora sua mãe é de Epsom, isso é indiscutível.

Mãe: *(Avançando entre a filha e o tomador de notas.)* Ah, mas que interessante: Eu fui criada no Parque Dona Gorda, pertinho de Epsom.

Tomador de notas: *(Rindo.)* Parque Dona Gorda?

Que nome mais ridículo. Oh, desculpe. *(Pra filha.)* A senhorita deseja um táxi?

FILHA: Não ouse me dirigir a palavra.

MÃE: Por favor, por favor, Clara. *(A filha a repudia com um movimento de ombros raivosos e se afasta, altaneira.)* Nós lhe ficaríamos imensamente, imensamente agradecidas, cavalheiro. *(O tomador de notas exibe um apito.)* Muitíssimo obrigada. *(Junta-se à filha. O tomador de notas dá um apito violento.)*

TRANSEUNTE: Isso num é arpito di pulícia, cumpanhero. É di carça.

FLORISTA: *(Ainda preocupada com seus sentimentos feridos.)* Êli num tem dereito di orfendê u meu moural. U meu moural é irgualzinhu u dessas madama.

TOMADOR DE NOTAS: Eu não sei se as senhoras notaram, mas a chuva parou há cinco minutos.

TRANSEUNTE: I num é mesmo? Pruqui é qui num dirsi logo? Nóis aqui perdeno u tempo cum as suas bestera. *(Vai embora.)*

TRANSEUNTE SARCÁSTICO: Eu já sei donde é que o senhor é. O senhor é do Hampshiro. *(Pronuncia Ampxir.)*

TOMADOR DE NOTAS: *(Corrigindo.)* Hampshire. *(Pronuncia, afetado: Rampshaiar.)*

TRANSEUNTE SARCÁSTICO: *(Aborrecido.)* De onde, aliás, nunca devia ter saído. *(Afetado.)* Oubrigado proufessor. Ha! Ha! ah! Foi um prarzer. *(Toca o chapéu com respeito zombeteiro e sai.)*

FLORISTA: Só tem genti ansim nu mundo. Eu quiria vê êli nu meu lugá.

Mãe: Parou mesmo a chuva, Clara. Podemos andar até a esquina e pegar um ônibus. Vem. *(Levanta a saia até os tornozelos e sai correndo.)*

Filha: Mas, o táxi já... *(A mãe não escuta.)* Ai, meu Deus, que cansaço. *(Sai, com raiva.)*

(Todos já foram embora, exceto o tomador de notas, o cavalheiro e a florista, que, sentada, continua arrumando sua cesta e prosseguindo na autopiedade.)

Florista: Tardinha di mim! Cumo si a minha vida já não sesse uma miséria qui inda pircisasse de hulmilhação e xingamento.

Cavalheiro: *(Voltando ao lugar anterior, à esquerda do tomador de notas.)* Como é que o senhor faz isso, se não sou importuno? Qual é o seu método?

Tomador de notas: Simplesmente fonética. A ciência da fala. É minha profissão; e minha diversão também. Feliz do homem que pode ganhar a vida se divertindo. Eu posso distinguir um irlandês de outro irlandês pelo jeito da fala. Posso distinguir uma pronúncia de outra distante apenas dez quilômetros. Aqui em Londres, identifico pronúncias num espaço de dois quilômetros. Às vezes há maneiras de falar diferentes de uma rua pra outra.

Florista: Divia di tê vregonha, um hômi grandi ansim, i contra uma cumo eu, sim nada.

Cavalheiro: Mas isso dá para ganhar a vida?

Tomador de notas: Dá, como não! E muito bem! Vivemos num tempo de novos-ricos, gente que dá tudo pra subir na vida. Pessoas que começam num subúrbio miserável, ganhando oitenta libras por ano, e acabam em Park Lane, com cem mil por mês. E aí, claro, não querem que ninguém lembre que vieram de baixo. Mas falam. E cada vez que abrem a boca se denunciam. Minha missão é ensinar a...

FLORISTA: Pruque qui êli num oia o seu própio rábu e...?

TOMADOR DE NOTAS: *(Explodindo.)* Ô mulher, para com essa choradeira estúpida, pelo amor de Deus! Ou então vai chorar noutro abrigo, noutro altar, noutro diabo que te carregue.

FLORISTA: *(Num vago desafio.)* Tô aqui cum u mesmo dereito qui u sinhô tem di tár.

TOMADOR DE NOTAS: Uma pessoa que emite sons tão desagradáveis e deprimentes não tem direito de estar aqui nem em lugar nenhum – não tem direito de viver. Lembre-se de que você é um ser humano que possui uma alma e a dádiva divina da fala articulada: que a sua língua nativa é a língua de Shakespeare, de Milton e da Bíblia – e não fica grunhindo como um porco que acabaram de castrar.

FLORISTA: *(Abestalhada, olhando para ele com absoluto espanto e sentimento de injustiça, mas sem ousar levantar a cabeça.)* Ah-ah-ow-ou-ohhhhhhhhhh!

TOMADOR DE NOTAS: *(Puxando o livro de notas.)* Céus! Que som! *(Escreve; depois segura o livro e lê, reproduzindo as vogais com exatidão.)* Ah-ah-ow-ou-ohhhhhhhhhh!

FLORISTA: *(Espantada com a performance e rindo sem querer.)* Disgranido!

TOMADOR DE NOTAS: Vê, por exemplo, esta criatura com esse inglês de sarjeta. Esse modo de falar vai conservá-la na sarjeta até o fim de seus dias. Pois olha, cavalheiro, em três meses eu podia fazer essa garota passar por duquesa numa recepção de qualquer grande embaixada. Podia até arranjar pra ela um lugar de governanta ou gerente de loja, atividades que exigem um inglês muito melhor.

Florista: Qui é qui êli tá dizeno?

Tomador de notas: Estou dizendo, ô repolho da humanidade, ô desgraça da nobre arquitetura destas colunas, que você é a encarnação do mais espantoso insulto à língua inglesa. E que, apesar disso, eu poderia fazer você passar pela rainha de Sabá. *(Ao cavalheiro.)* Acredita?

Cavalheiro: Claro que acredito. Por coincidência eu também sou um filólogo – estudo dialetos da Índia e...

Tomador de notas: Ah, é? Então deve conhecer o coronel Pickering, autor de *O sânscrito como se fala*.

Cavalheiro: Está falando com ele!

Tomador de notas: Não me diga!

Cavalheiro: E o senhor, quem é?

Tomador de notas: Henry Higgins, autor do *Alfabeto universal Higgins*.

Cavalheiro: Pois eu vim da Índia só pra conhecê-lo.

Higgins: E eu ia pra Índia só para conhecê-lo.

Pickering: Onde é que o senhor mora?

Higgins: Rua Wimpole 27 A. Venha me ver amanhã.

Pickering: Eu estou no Carlton. Se quiser me acompanhar podemos exercitar as mandíbulas numa bela ceia.

HIGGINS: É uma ideia. Vamos.

FLORISTA: *(Para Pickering, quando ele vai saindo.)* Compra uma fror, bom hômi. Tô sim ninhum pra pagá o arlugueu.

PICKERING: Já disse: não tenho nenhum trocado. Pena. *(Sai.)*

HIGGINS: *(Chocado com a hipocrisia da moça.)* Mentirosa. Você não disse que distrocava meia coroa?

FLORISTA: *(Se levantando, desesperada.)* U sinhô dirvia sê rechiado di chumbu dirritido. Dirvia mesmo. *(Joga a cesta nos pés dele.)* Toma. Pode lervá o ceisto intero pur seispence.

(O relógio da igreja bate o segundo quarto de hora.)

HIGGINS: *(Ouvindo nisso a voz de Deus, censurando-o pela sua atitude farisaica, sua falta de caridade pra com a pobre moça.)* Uma lembrança! *(Ergue o chapéu solenemente, depois atira um punhado de dinheiro no cesto, sai atrás de Pickering.)*

FLORISTA: *(Pegando uma meia coroa.)* Ah-ow-oooh! *(Pegando um par de florins.)* Aaahh -ow-oooh! *(Pegando alguns níqueis.)* Aaaaaaaaaaah-ow-oooh! *(Pegando uma meia libra.)* Aaaaaaaaaaah-ow-oooh!!!

FREDDY: *(Saltando de um táxi.)* Peguei um, afinal. Hei! *(Pra florista.)* Você viu pra onde foram aquelas duas senhoras?

FLORISTA: Foro pergá o ônubus na insquina, quano a churva parô.

FREDDY: E eu me matando pra pegar um táxi! Caramba!

FLORISTA: *(Grandiosa.)* Num faiz mar, seu moço. Eu vô pra casa nêli. *(Avança pro carro. O motorista se* *vira pra trás e segura a porta, impedindo que ela a abra. Compreendendo bem a desconfiança dele, ela lhe mostra uma mão cheia de dinheiro.)* Tá cum medo di num rercebê, Frerderico? Ói só – dinhero di dá cum pau. *(Ele mostra os dentes e abre a porta.)* Pronto. A ceista.

MOTORISTA: Dá qui. Dois *pence* mais.

LIZA: Méti aí pra ninguém num vê. *(Empurra a cesta pra dentro do carro, continuando a falar pela janela.)* Adeus, Freddy.

FREDDY: *(Bestificado, levantando o chapéu.)* Adeus.

MOTORISTA: Pra onde?

LIZA: Pru Palaço di Búquiga. *(Palácio de Buckingham.)*

MOTORISTA: Tá loca? Palaço di Búquiga?

LIZA: Num sabi ondi é qui é? Nu Jardim Verde, adondi u rei vévi. Adeus, Frerderico. Pode i simbora. Adeus.

FREDDY: Adeus. *(Sai.)*

MOTORISTA: Ói qui – qui nergoço é essi di Palaço di Búquiga? Qui é qui tu vai farzê lá?

LIZA: Num vô farzê nada. Nim vô lá. Eu só quiria imprerssioná *(gesto)* uma persoa. Mi lerva pra casa.

MOTORISTA: I dondi é qui é?

LIZA: Drury Lane. *(Pronúncia bem simplória.)* Pergado da loja di azeiti du John Nash.

MOTORISTA: Angora, sim. Angora tamos em casa, sinhurita. *(Dá partida.)*

● ● ●

(Vamos seguir o táxi até a entrada de Angel Court, Drury Lane, uma passagem estreita, em arco, entre duas lojas, uma delas propriedade de John Nash. Quando o carro para, Eliza salta, arrastando a cesta atrás dela.)

LIZA: Quanto é?

MOTORISTA: Num sarbi lê? *(Indica o taxímetro.)* Um *shilling*.

LIZA: Um *shilling* pur dois mimnuto?

MOTORISTA: Dois mimnuto ô dez mimnuto, dá tudo nu mesmu.

LIZA: Eu num achu dereito.

MOTORISTA: Tu já andô di táxi, inântis?

LIZA: *(Muito digna.)* Centenas e milhares di vez, rapazinho.

MOTORISTA: Mirlhó procê, então. Guarda u *shilling* i dá minhas rescomendação à veilha. Passá bem! *(Vai embora.)*

LIZA: *(Humilhada.)* Qui audárcia!

(Pega a cesta e caminha pela viela até sua casa; um quartinho forrado com papel de parede que, de velho e mofado, já rasgou em vários lugares. Um dos quadros de vidro da janela está quebrado e remendado com jornal. Um retrato de um ator popular e uma página de roupas de modas femininas – todas espantosamente fora das possibilidades de Eliza – estão pregados na parede. Há uma gaiola pendurada na janela, mas o inquilino já morreu faz muito tempo. A gaiola é apenas uma recordação nostálgica.

Esses são os únicos luxos, visíveis ou não. O resto é o mínimo irredutível das necessidades diárias; uma velha cama coberta com tudo quanto é espécie de trapo capaz de produzir aquecimento, um caixote de madeira com cortinado fingindo penteadeira – tem em cima uma bacia, um jarro d'água e um pedaço de espelho –, uma cadeira e uma pequena mesa, refugo de alguma cozinha suburbana e um relógio de alarme, americano, na prateleira de uma lareira sem uso. Tudo isso é iluminado por uma lâmpada de gás das mais pobres, que se acende pondo-se um shilling *na caixa automática. Aluguel do quarto: quatro* shillings *por semana.)*

Aqui Eliza, cronicamente cansada, mas demasiado excitada pra ir pra cama, se senta, contando a fortuna recém-herdada, sonhando e planejando o que fazer com ela, gozando, pela primeira vez, o prazer estranho de colocar outra moeda na caixa, assim que a luz diminui. Essa súbita prodigalidade porém não a faz esquecer que pode muito bem continuar sonhando e planejando de modo mais barato, e mais quente, metendo-se na cama. Tira o xale e a saia e junta-os à miscelânea de cobertas. Depois, sentada, chuta os sapatos e, sem outros cuidados, enfia-se na cama.

ATO II

No dia seguinte: onze horas da manhã. Laboratório de Higgins na rua Wimpole. É uma sala no primeiro andar, dando pra rua, e, em princípio, devia ser sala de visitas. Há portas duplas na parede dos fundos. Quem entra encontra à direita dois armários-arquivos bem altos, fazendo esquina um com o outro. Neste canto há uma grande mesa de escrever sobre a qual está um fonógrafo, um laringoscópio, uma fileira de pequenos tubos de órgãos com foles, um conjunto de pequenos candeeiros com chamas (para testar variação de sopros) ligados a um alimentador de gás por meio de um tubo de borracha, várias lâminas de afinação de som de tamanhos diferentes, a imagem de meia cabeça humana em tamanho natural mostrando especialmente os órgãos vocais, e uma caixa contendo vários cilindros de cera para o fonógrafo.

Mais adiante, no mesmo lado, há uma lareira, com uma cadeira de balanço coberta de couro, e, junto, um cesto de carvão. Entre a lareira e o fonógrafo há um porta-jornais. Um relógio em cima da lareira.

No outro lado da porta central, à esquerda do visitante, há um armário com gavetas pouco profundas. Sobre ele um telefone e a lista telefônica. Mais longe, um piano de cauda, com um banco em toda a sua extensão. Sobre o piano, uma bandeja cheia de frutas e doces, principalmente bombons.

O centro do aposento está vazio. Além da cadeira de balanço, do banco do piano e das duas cadeiras da mesa do fonógrafo, há também uma cadeira avulsa. Está perto da lareira. Nas paredes, gravuras; sobretudo Piranesi e retratos em meias-tintas. Nenhuma pintura.

Pickering está sentado à mesa, pondo em ordem alguns cartões e limpando uma lâmina de afinação de som. Higgins está de pé, fechando duas ou três gavetas do arquivo. À luz do dia é um homem robusto, cheio de vitalidade, aí por volta dos quarenta anos, vestido num frock-coat *preto, de aspecto bem profissional, colarinho branco, gravata de seda preta. Representa o tipo do cientista enérgico, violento mesmo, porque violentamente interessado em tudo que pareça digno de ser estudado e sem dar a mínima importância a si mesmo nem aos outros, incluindo aí os sentimentos de quem quer que seja. Higgins é, de fato, a não ser pela idade e pelo tamanho, um garoto impetuoso, capaz de entusiasmos quase irresponsáveis. Uma pessoa que precisa de tanta vigilância quanto um bebê para que, sem querer, não provoque graves acidentes. Seu comportamento varia da extrema jovialidade, quando está de bom humor, a uma agressiva petulância, quando as coisas vão mal; mas é tão completamente franco e despido de malícia que continua pessoa digna de estima mesmo em seus piores momentos.*

Higgins: *(Enquanto fecha a última gaveta.)* Bom, acho que já mostrei tudo.

Pickering: É realmente espantoso. Não entendi nem a metade, é bom que saiba.

Higgins: Quer repassar tudo outra vez?

PICKERING: *(Levanta-se e se aproxima da lareira, ficando com as costas pro fogo.)* Não, obrigado; agora não. Não tenho mais capacidade de reter nada, esta manhã.

HIGGINS: *(Seguindo-o e ficando do lado dele, à esquerda.)* Cansou de ouvir sons.

PICKERING: É. Exige uma atenção espantosa. Eu me achava uma raridade por ser capaz de pronunciar 24 vogais diferentes; as suas 132 me deixaram humilhado. Não consigo perceber a diferença entre a maior parte delas.

HIGGINS: *(Rindo e indo até ao piano comer doces.)* Ah, isso depende só de um pouco de prática. No princípio não se percebe nada; mas depois de algum tempo você começa a sentir que um som está tão longe do outro quanto um A de um Z. *(A senhora Pearce aparece. É a governanta de Higgins.)* Que foi?

SRA. PEARCE: *(Hesitando. Evidentemente perplexa.)* Uma jovem deseja ver o senhor.

HIGGINS: Uma jovem? O que é que ela quer?

SRA. PEARCE: Bem, professor, ela disse que o senhor vai ficar muito satisfeito em vê-la, quando souber o que é que ela quer. É uma moça muito... comum, senhor. Excessivamente comum, eu diria. Teria mesmo a mandado embora se não fosse a maneira como ela fala – pensei que talvez o senhor gostasse que ela falasse em suas máquinas. Espero não ter feito nada de errado; mas o senhor recebe gente tão esquisita, algumas vezes...

HIGGINS: Oh, está tudo bem, madame Pearce. É engraçada, a pronúncia dela?

Sra. Pearce: Uma coisa verdadeiramente horrorosa, para o meu ouvido. O que significa que o senhor vai achar maravilhoso.

Higgins: *(Para Pickering.)* Quer dar uma escutada? Manda ela subir, madame Pearce. *(E, enquanto isso, ele vai até a mesa de trabalho e pega um cilindro pra colocar no fonógrafo.)*

Sra. Pearce: *(Resignada.)* Sim, senhor. *(Sai.)*

Higgins: Isso foi uma sorte. Vai dar pra eu lhe mostrar como funciona a gravação. Vamos fazer ela falar; em primeiro lugar vou anotar o que ela diz pelo sistema gráfico de Bell, com o qual se pode registrar qualquer variação de som; depois passo isso tudo para o Rômico, baseado nos valores romanos; por último faço ela gravar no fonógrafo a fim de que você possa ouvi-la quantas vezes quiser com a transcrição na sua mão.

Sra. Pearce: *(Voltando.)* Está aí a moça, professor.

(A florista entra com toda pompa. Usa um chapéu com três penas de avestruz, laranja, azul-claro e vermelho. Tem um avental quase limpo e o casaco velho foi bem escovado. O impacto dessa deplorável figura com sua vaidade inocente e seu ar pretensioso emociona Pickering, que já tinha se empertigado um pouco na presença da sra. Pearce. Mas, quanto a Higgins, a única diferença que ele estabelece entre homens e mulheres, quando não está gritando ou reclamando aos céus, é que lisonjeia as mulheres da mesma maneira que uma criança lisonjeia sua babá pra obter alguma coisa.)

Higgins: *(Bruscamente, reconhecendo-a com indisfarçável desapontamento e, logo, infantil, transformando o fato quase numa ofensa.)* Ora, essa moça é a que eu vi ontem! Já tomei nota da maneira que ela fala. Não interessa: já tenho uma porção de gravações com o dialeto de Lisson Grove. Não vou gastar mais nenhum cilindro com isso. *(À moça.)* Pode ir, por favor: você não me interessa.

Florista: Num seje tom grousseiro. Ouva premero pru qui é qui eu vim. *(Para a sra. Pearce, que espera à porta por novas ordens.)* A sinhora contô qui eu vim nu táxi?

Sra. Pearce: Você pensa que um cavalheiro como o professor Higgins se importa lá como é que você veio?

Florista: Ô gente sorberba! Mas num vai mi dirzê qui êli tá tão pur cima qui num dá lição: êli meismo disse qui dá. Olha, eu num vim pirdi farvô de ninguém num sinhora; si archam u meu dinhêro ruim, eu vô procurá ortro.

Higgins: Não entendi bem; procurar o quê?

Florista: Durinho di bistunto, ahh? U sinhô é profêssô di que? Qui é qui eu porsso querê? Linção. Linção di farla. Pargano! *(Pagando.)* Num vim pirdi farvô a ninguém não.

Higgins: *(Estupefato.)* Ora, ora!!! *(Recuperando-se do espanto.)* O que é que eu digo agora, minha jovem senhora?

Florista: Bão, si u sinhô fusse um carvalero dirzia pra eu sentá. Alfinal eu vim praqui lhi orferecê trarbalho.

Higgins: Me diz uma coisa, Pickering; convidamos essa trouxa suja a puxar uma cadeira ou atiramos ela pela janela?

Florista: *(Aterrorizada, correndo pra trás do piano, onde se protege.)* Ah-ah-oh-ow-ow-oo! *(Magoada e soluçando.)* Num mi chama di troxa, não. Eu num quero. Eu poussu pargá cumo quarqué madama. *(Imóveis e espantados, os dois homens contemplam "aquilo" do outro lado da sala.)*

Pickering: *(Delicadamente.)* Mas, o que é que você quer, afinal?

Florista: Eu queru sê uma dama numa loja de frores invés di vendê elas nu meio da rua. Mas ninguém vai mi querê farlando feitu burra. Tenhu qui arprendê a farlá. Êli prozô qui pudia mi insiná. I eu vim – tô quereno pargá; não tô pidindo farvô não. Mais êli mi trata cumo si eu fosse uma táubua.

Sra. Pearce: Como é que uma moça tola e ignorante como você acha que pode pagar o professor Higgins?

Florista: Achano. Pruque não? Só a sinhora sabi qui linção custa caro? Eu pargo.

Higgins: Quanto?

Florista: *(Voltando-se pra ele, triunfante.)* Ah, uviu farlá em dinhêro! Sarbia qui o sinhô não ia predê casião di pergá di volta argum du dinhero qui mi jogô onti. *(Confidencialmente.)* Tava um poquinho mamado, num tava?

Higgins: *(Peremptório.)* Senta aí.

Florista: Ah, si u sinhô archa qui é assim qui uma persoa inducada...

Higgins: *(Trovejando.)* Senta aí!!!

Sra. Pearce: *(Com seriedade.)* Senta aí, moça. Faz o que lhe mandam.

Florista: Ah-ah-ow-oo! *(Continua em pé, meio por rebeldia, meio por desorientação.)*

Pickering: *(Extremamente cortês.)* Quer fazer a nímia gentileza de sentar-se, senhorita? *(Coloca a cadeira perto do tapete, junto à lareira, entre ele e Higgins.)*

Liza: *(Com recato.)* Tá bão. *(Senta. Pickering volta a seu lugar.)*

Higgins: Qual é o teu nome?

Florista: Liza Doolitle.

Higgins: *(Cantando com seriedade.)*
Eliza, Elizabeth, Liza e Beth.
São quatro irmãs, não são sete.

Pickering: As três primeiras são fáceis.

Higgins: Mas Liza é quem mais promete.

(Riem muito da quadra lembrada em conjunto.)

Liza: Coisa mais rirdícola!

Sra. Pearce: *(Colocando-se atrás da cadeira de Liza.)* Você não deve se dirigir aos cavalheiros assim dessa maneira.

Liza: Ah, i êlis pode si dir-rigi ansim cumigo?

Higgins: Falando de negócios; quanto você pretende me pagar pelas lições?

Liza: Ah, eu sarbia! Uma corlega minha tem linção di francês dum francês meismo, pur dizoitos *pence* cada hora. Craro qui u sinhô num vai querê u mesmu pra mi insiná minha prórpia língua; qué dizê, eu lhi pagu um *shilling* cada hora nim mais um níque: é pergá, ô largá. Mais num tenho.

Higgins: *(Indo e vindo pelo aposento, fazendo soar as chaves e as moedas no bolso.)* Sabe, Pickering, se considerarmos um *shilling* não como um *shilling* apenas, mas como uma percentagem da renda desta jovem, é fácil concluir que esse *shilling* equivale a mil de um milionário...

Pickering: É...

Higgins: Um milionário ganha aproximadamente três mil *shillings* por dia. Ela deve ganhar uns cinco. No máximo, meia coroa.

Liza: *(Altiva.)* Quem qui lhi dirssi...?

Higgins: *(Continuando.)* Ela me oferece dois terços do seu dia de trabalho por uma lição. Não é mal. Pensando bem, é até demais! Pensando melhor; nunca ninguém me pagou tanto! Cem libras de um milionário.

Liza: *(Levantando-se, aterrorizada.)* Cens u que? Qui discunversa é ersa? Eu nunca num dirse qui pargava cens libras. Ondi é qui eu ia arranjá...?

Higgins: Cala a boca.

Liza: *(Chorando.)* Mas eu num tenho ersi dinhero. Oh...

Sra. Pearce: Não chora, menina boba. Senta aí. Ninguém vai pegar no teu dinheiro.

Higgins: Mas já, já alguém vai pegar você com um bom cabo de vassoura se não parar logo com essa choramingação. Senta aí.

Liza: *(Obedecendo com relutância.)* Ah-ah-ah-ow-oo-o! Quem ouve vai dirzê qui u sinhô é meu pai.

Higgins: Se eu decidir te ensinar vou ser muito pior

do que três pais juntos. Pega aí! *(Oferece a ela seu lenço de seda.)*

Liza: Pra qui é irso?

Higgins: Pra enxugar suas lágrimas. Pra limpar qualquer parte da sua cara que estiver suja. Não esqueça; isto é um lenço, isto é uma manga. Não confunda uma coisa com a outra, se pretende algum dia trabalhar numa loja decente. *(Liza, atordoada, olha-o fixamente, sem saber o que fazer.)*

Sra. Pearce: Não adianta falar assim com ela, professor; ela não compreende nada do que o senhor diz. Além disso, o senhor está completamente enganado: ela sabe usar um lenço muito bem. *(Pega o lenço dele.)*

Liza: *(Arrancando o lenço da mão dela.)* Pera i! Êli deu pra mim, u lenço. Pra mim, num foi pra sinhora.

Pickering: *(Rindo.)* Foi mesmo – eu vi. Agora é propriedade dela, madame Pearce.

Sra. Pearce: *(Resignada.)* Bem feito, professor.

Pickering: Higgins, estou interessado. Que tal a recepção de Embaixada? Proclamarei aos quatro ventos que você é o maior professor vivo se conseguir o que prometeu. Aposto todas as despesas com a experiência em como você não consegue. Pra começar, pago as lições.

Liza: Oh, u sinhô, sim, é um hômi bão. Obrigado, coronér.

Higgins: *(Tentado, olhando pra ela.)* É quase irresistível. Tão deliciosamente vulgar – tão horrorosamente porca...

Liza: *(Num extremo protesto.)* Ah-Ah-ah-ah-ow-oo-oo!!! Eu num sô porca. Larvei a cara e as mões pra vim aqui, juro.

Pickering: Acho que com essa espécie de lisonjas, você não vai mudar o comportamento dela, Higgins.

Sra. Pearce: *(Pouco à vontade.)* Não aposte nisso, coronel. Ninguém sabe ser mais lisonjeiro do que o professor, mesmo quando faz tudo ao contrário. Espero que o senhor tenha bom senso e não o encoraje em suas loucuras.

Higgins: *(Excitado, à medida que a ideia toma conta dele.)* Que é a vida senão uma tentativa de organizar a loucura? O problema é não perder as oportunidades – elas não chegam a toda hora. Vou transformar numa bela duquesa esta fedorenta ratazana de sarjeta.

Liza: *(Protesto veemente contra essa visão a seu respeito.)* Ah-Ah-Ah-ow-o!

Higgins: *(Inspirado.)* Em apenas seis meses! Em três, se ela tiver um bom ouvido e uma língua ágil. Em seis meses eu a levarei a qualquer parte e a farei passar por quem quiser. Vamos começar hoje: agora! Neste mesmo instante. Leve-a daqui, madame Pearce, e dê-lhe um bom banho. Com soda cáustica, se a sujeira não sair de outra maneira. O fogo da cozinha está aceso?

Sra. Pearce: *(Protestando.)* Está, mas...

Higgins: *(Incontrolável.)* Tire todas as roupas dela e jogue no fogo. Telefone para Whiteley, ou qualquer outra loja, e mande vir roupas novas. Enquanto a roupa não chega, ela pode ser enrolada em papel de embrulho.

Liza: U sinhô num presta, u sinhô num tem arma

(alma), trarta gênti feito bicho. Sô uma moça dereita – num pensa qui eu sô desses. Cunheçu bem as persoa da sua laia e... não vô...

HIGGINS: Olha, menina, acabou. Os melindres e fricotes lá do teu bairro não funcionam aqui. Vai aprender a se comportar como uma duquesa. Leva ela, madame Pearce. Se não obedecer, dê-lhe uma surra.

LIZA: *(Saltando e procurando proteção ao lado de Pickering.)* Não! Eu chamu a pulíça.

SRA. PEARCE: Eu não tenho lugar pra ela.

HIGGINS: Bota na lata de lixo.

LIZA: Ah-ah-ah-ow-oo!

PICKERING: Espera aí, Higgins, seja razoável.

SRA. PEARCE: *(Resoluta.)* Seja razoável, professor; uma vez. O senhor não pode pisar assim em todo mundo. *(Higgins, censurado assim, cede. O furacão é seguido de uma brisa de gentil surpresa.)*

HIGGINS: Pisar assim em todo mundo! Prezada madame Pearce, estimado Pickering, nunca tive a menor intenção de pisar em ninguém. Estou só propondo que sejamos bons para com esta pobre moça. Temos que ajudá-la a preparar-se e a adaptar-se à sua nova posição social. Se não me expressei com clareza talvez tenha sido justamente para não ferir os sentimentos dela... e o de vocês. *(Liza, tranquilizada, volta a sua cadeira.)*

SRA. PEARCE: *(A Pickering.)* O senhor já tinha ouvido alguma coisa parecida?

PICKERING: *(Rindo muito.)* Nunca, eu lhe garanto; nunca.

Higgins: *(Pacientemente.)* O que foi que eu fiz?

Sra. Pearce: Bom, professor, acho que não se deve tratar uma moça sensível como essa como quem chuta uma bola de papel na rua.

Higgins: Por que não?

Sra. Pearce: Porque não! Sem falar que o senhor não sabe absolutamente nada sobre ela. Por exemplo: quem são os pais dela. E se ela for casada?

Liza: Virgi!

Higgins: Está aí. Como ela própria diz, cheia de bom senso: "Virgi!". Casada, ah! A senhora não sabe que uma mulher dessa classe social depois de um ano de casada tem cinquenta anos de idade? Olha a cara dela.

Liza: I arguém mi casava?

Higgins: *(Subitamente descendo aos seus mais baixos tons, os sons mais emocionantes de sua elocução especial.)* Ah, flor, nem fala. Minha Eliza, as ruas estarão juncadas de cadáveres de homens que vão se suicidar por sua causa antes mesmo de eu poder considerar você completamente pronta.

Sra. Pearce: Loucura, professor. Não fale com ela desse jeito.

Liza: *(Levantando-se e se arrumando com determinação.)* Vô simbora. Êli tem um parafuso di menos, erse daí. Ah, qui tem, tem. Num quero um martusquela ansim di proufessô.

Higgins: *(Ferido em seu ponto mais sensível, pela incapacidade dela de se render a seus encantos vocais.)* Ah, é assim? Eu sou matusquela, é? Muito bem, madame Pearce, não precisa encomendar roupa nenhuma. Joga ela na rua.

Liza: *(Soluçando.)* Oilha lá... Num boti as parta ni mim.

Sra. Pearce: Está vendo; isso é o que acontece com quem não obedece. *(Indicando a porta.)* Por aqui, por favor.

Liza: *(Quase chorando.)* Eu num tô pidino rôpa di ninguém. Num ia arceitá meismo. *(Joga o lenço com desprezo.)* Vê lá si eu mi parsso.

Higgins: *(Pegando o lenço no ar e ao mesmo tempo impedindo o avanço dela, relutante, para a saída.)* O que você é é uma mal-educada e desagradecida. É assim que me agradece por querer tirá-la da sarjeta, vesti-la como uma mulher de verdade e transformá-la numa *lady*?

Sra. Pearce: Para com isso, por favor. Não vou permitir que o senhor continue, professor. Quem está errado é o senhor. Volta pra casa de teus pais, minha filha; e diz a eles que tomem mais cuidado com você.

Liza: I eu lá tenhos pais? Quanu fiquei um pôco mais grandinha êlis dirceram pra eu i ganhá a vida i mi bortaru na rua.

Sra. Pearce: Nem mãe você tem?

Liza: Essa eu nim nunca num vi. A qui mi bortô na rua foi minha maldrasta. *(Conta nos dedos.)* A seisma!

Sra. Pearce: A sexta?

Liza: Sex...ta? Poisé. Mas tamém, ô, dei uma barnana pra êlis. Vivo solzinha i sô uma moça munto dereita.

Higgins: Está bem, ô *dereita*, então pra que esse berreiro todo? *(Aos outros.)* Se a senhorita não pertence a ninguém, é propriedade pública, só tem utilidade para mim, eu tomo conta dela. *(Começa a dar ordens, como sempre.)* A senhora vai adotar a moça, madame Pearce. Sinto que uma filha vai enriquecer muito a sua personalidade. E, por favor, não recalcitre mais. Leve-a lá pra baixo e...

Sra. Pearce: Eu quero saber o que vai acontecer com ela. Vai receber um ordenado? Seja humano, professor.

Higgins: Ah, pague a ela o que for razoável, e debite na contabilidade da casa. *(Impaciente.)* Mas pra que diabo ela precisa de dinheiro? Vamos lhe dar casa, comida e roupa lavada. Se, além disso, ainda lhe dermos dinheiro, o que é que ela vai fazer com esse dinheiro? Beber.

Liza: *(Virando-se pra ele.)* U sinhô é um bruto. I mintiroso – nunca ninguém viu eu chupano um gargalo. *(Para Pickering.)* Ah, moço, o sinhô é um carvalero: num dêxa êli farlá cumigo dessis jeito.

Pickering: *(Censura bem-humorada.)* Já lhe ocorreu, meu caro Higgins, que a moça pode ter sentimentos?

Higgins: *(Examinando-a criticamente.)* Não acho. Pelo menos nenhum sentimento que tenhamos de levar em consideração. *(Alegremente.)* Não é verdade, Eliza?

Liza: Sô ingual a tudo mundo.

Higgins: *(Para Pickering, reflexivo.)* Está percebendo a dificuldade?

Pickering: Não, especialmente. Qual é?

Higgins: Limpar a fala dela. A pronúncia deve ser o mais fácil. O duro vai ser ela falar gramática.

Liza: Eu num quero farlá graumática. Queru só farlá ingual a uma dona di loja di fror.

Sra. Pearce: Voltando a nosso assunto, professor. Em que condições a moça fica aqui? Vai ter um ordenado? E quando o senhor terminar o curso, o que será feito dela? Acho que devemos prever isso.

Higgins: *(Impaciente.)* A senhora já previu o que vai acontecer com ela se eu a deixar na sarjeta? Me diga, madame Pearce.

Sra. Pearce: Isso não é responsabilidade sua, me parece.

Higgins: Bem, quando terminarmos as lições só temos uma coisa a fazer; jogá-la de volta na sarjeta. Também não será responsabilidade minha, me parece.

Liza: Oh, qui coração duro u sinhô tem, meus Deus. Num liga nada pru qui ninguém tá sentino? *(Se levanta e toma conta da situação, decidida.)* Oilha, persoal – já é dimais! Pra mim chega. Té outro dia. *(Vai pra porta.)* O sinhô divia anté tê vregonha di tratá os otro dessi jeito, divia meismo.

Higgins: *(Pegando um chocolate em cima do piano, os olhos de súbito brilhando de malícia.)* Come um chocolatezinho, Eliza.

Liza: *(Parando, tentada.)* Cumu é qui eu sei si num tá envelenado? Minsinaro que tem hômis assim cumu u sinhô qui dão droga pra si apruveitá das moça. *(Higgins limpa seu canivete. Parte um bombom ao meio. Põe metade na boca, chupa com gosto. Oferece a ela a outra metade.)*

Higgins: Para mostrar que não está *envelenado* coisa nenhuma. Toma a outra metade. *(Liza abre a boca para* *responder. Ele lhe enfia o bombom na boca.)* Você vai ganhar sacos de bombom todos os dias. Tá bom?

LIZA: *(Que começa a chupar o bombom, depois de quase se engasgar com ele.)* Eu só chulpo pruque uma moça num cospi na frenti dus otro.

HIGGINS: Olha aqui – eu acho que você disse que veio de táxi, não veio?

LIZA: Qué qui tem? A puliça pruibi poubre andá de táxi?

HIGGINS: Não, Eliza – o dinheiro proíbe. Mas no futuro você só vai andar de táxi. Já imaginou, pra baixo e pra cima, rodando a cidade toda de táxi?

SRA. PEARCE: Professor, deixa de tentar a moça. Não está certo. Ela tem que pensar no futuro.

HIGGINS: Na idade dela! Besteira! A gente só deve pensar no futuro quando não tem mais futuro pra pensar. Nada disso, Eliza. Faça como faz esta esplêndida senhora; pense apenas no futuro dos outros – jamais no seu próprio. Pense em táxis, bombons, ouro, joias.

LIZA: Eu não! Num quero oro nim joia ninhuma. Moça dereita num arceita essas coisa. *(Senta-se de novo, tentando uma pose de alta dignidade.)*

HIGGINS: Fica combinado então, Eliza, que madame Pearce cuida de você. E você se casará com um oficial da Guarda da Rainha, dono de um magnífico bigode real. Aliás, filho bastardo de um marquês que, naturalmente, o deserdará por ter casado com você, mas que voltará atrás no momento em que conhecer você e for seduzido por sua beleza, bondade e pela maneira maravilhosa com que fala a língua inglesa...

Pickering: Desculpe, Higgins, mas tenho que interferir. Madame Pearce tem toda razão. Se a moça vai se colocar em suas mãos para uma experiência dessas, tem total direito a saber exatamente o que lhe pode acontecer.

Higgins: Como? Ela não tem capacidade de entender coisa nenhuma. Aliás, nenhum de nós tem. Se tivéssemos capacidade de compreender o que fazemos, certamente não faríamos nada.

Pickering: Muito interessante, Higgins, mas não no presente momento. *(Para Eliza.)* Senhorita Doolitle...

Liza: *(Espantada.)* Ah-ah-ow-oo!

Higgins: Está vendo? É tudo que você consegue dela: Ah-ah-ow-oo! É inútil explicar. Como militar você devia saber isso. Dê-lhe ordens, ela obedece. Basta isso. Eliza, você vai viver aqui os próximos seis meses, aprendendo a falar bonito como uma dona de loja de flores. Se for boazinha e fizer tudo que lhe mandarem fazer, poderá dormir num belo quarto, comer montes de comida e ainda receberá dinheiro pra comprar bombons e andar de táxi. Se não se comportar direito, vai dormir com as baratas na cozinha e madame Pearce lhe dará uma boa surra de cabo de vassoura. No fim dos seis meses, você será conduzida em carruagem ao Palácio de Buckingham, vestida como uma condessa. Se o rei descobrir que você não é uma *lady*, será imediatamente levada à torre de Londres e terá a cabeça cortada por um carrasco de segunda classe, como exemplo para outras floristas de sua laia. Se não for descoberta, receberá um presente: a doação de 76 pence pra começar a vida como vendedora numa loja de flores. Caso recuse esta proposta, eu a considero uma peste de uma malagradecida, e os anjos chorarão por sua estupidez. *(Para Pickering.)* Está satisfeito agora, meu coronel? *(Para a sra. Pearce.)* Posso ser mais simples, mais justo e mais direto, estimada senhora?

SRA. PEARCE: *(Extrema paciência.)* Acho que o melhor que faz é me deixar falar com a moça em particular. Não sei se posso cuidar dela. Na verdade, nem sei se concordo com nada disso. Claro que não pretende lhe fazer nenhum mal; mas quando o senhor se interessa pelo sotaque dos outros, se esquece completamente de que as pessoas não são feitas apenas de sotaques. Vem comigo, Eliza.

HIGGINS: Está bem. Obrigado, madame Pearce. Sabão nela.

LIZA: *(Se levantando, relutante e suspeitosa.)* U sinhô é um tirano, isso é u qui u sinhô é. Eu num fico aqui si num quisé. Nim vô deixá ninguém me dá surra di cabu di nada. Num lhi pidi nunca pra i pro Palaço di Búquiga, lhi pidi? Sô uma moça dereita.

SRA. PEARCE: Tem que aprender a não responder, menina. Você vai custar muito a entender o professor. Vem comigo. *(Caminha na frente, abre a porta para Eliza.)*

LIZA: *(Ao sair.)* Eu só dilgo u certo. Vô lá arriscá minha carbeça só pra vê u rei? Si subesse qui tinha esse risco eu nim num vinha. Sempre fui dereita; nunca num disse ninhuma parlavra suja; num lhi dervo nada; num ligo pra êli nem pru rei e num vô deixá ninguém mi martratá só pruque...

(Sra. Pearce fecha a porta e os protestos de Eliza desaparecem.)

• • •

(Eliza é levada escadas acima até o terceiro andar, pra sua absoluta surpresa: pois esperava ser levada pro porão. Sra. Pearce abre uma porta e introduz Eliza num quarto vago.)

Sra. Pearce: Tenho que botar você aqui. Vai ser este o seu quarto.

Liza: O-Oh, num quero não – eu nim ia drumi aqui. É bão dimais pra minha igualha. Eu ia anté tê medo di mexê nas coisa. Inda num sô de arta crasse, sabe, dona?

Sra. Pearce: Primeiro você tem que ficar tão limpa quanto o quarto; aí vai perder o medo. E acho melhor você me chamar de senhora, ou madame, em vez de dona. *(Abre a porta do quarto de vestir, que foi modernizado e agora é um quarto de banho.)*

Liza: Bão Jesus. Quê qui é isso? A larvanderia? Qui tanqui ingraçado.

Sra. Pearce: Isso não é um tanque. Isso é onde nós nos lavamos, Eliza, e onde eu vou lavar você.

Liza: A sinhora qué qui eu entru aí pra ficá toda impapada? Ah, eu não! Tô muito moça pra mourrê di tísica. Cunheço uma dona *(corrige),* uma madama, qui mourreu pruque tumava um banho todo sábado.

Sra. Pearce: Pois olha, tem um outro banheiro lá embaixo no qual o professor Higgins toma banho todo dia. E banho frio.

Liza: Num diz! Devi sê di ferro, enssi hômi.

Sra. Pearce: Você vai ficar junto dele e do coronel Pickering para tomar suas lições de linguagem. Vai ter que tomar banho. Eles não vão suportar o teu mau cheiro. Mas a água pode ser bem quente. Tão quente quanto você quiser. Tem aí duas torneiras – uma de água quente outra, de água fria.

LIZA: *(Chorando.)* Eu num quero. Num posso. Num é da natureza; vai mi matá. Num tumei um banho in toda minha vida; issu é, nunca tumei um banhu, di corpo intero.

SRA. PEARCE: Olha aqui: você não quer ficar limpa, cheirosa e macia como uma *lady*? Você não pode ser uma pessoa limpa por dentro se não estiver limpa por fora.

LIZA: Boohoo!!!

SRA. PEARCE: Bom, agora chega de chorar, vai pro teu quarto e tira a roupa. Toda! Embrulhe-se nisto *(pega uma camisola de um cabide e dá a ela)* e volte aqui. Vou aprontar o banho.

LIZA: *(Chorando muito.)* Num possu. Num quero. Num tô custumada birsulutamente. Nunca num tirei a ropa toda. Num é dereito, num é descenti.

SRA. PEARCE: Bobagem, menina. Você não tira a roupa de noite quando vai para a cama?

LIZA: *(Espantada.)* Nãão! Pruquê ia tirá? Pra pegá tísica? A saia sim, tá bom, a saia eu tiro.

SRA. PEARCE: Quer dizer que você dorme com a mesma roupa suja com que anda na rua o dia inteiro?

LIZA: Ué, qué qui tem?

SRA. PEARCE: Nunca mais me faça isso enquanto morar aqui. Vou lhe arranjar uma camisola de dormir.

Liza: Vô tê qui distrocá minha ropa quentinha pur uma fria e ficá tiritanno a noite toda? A sinhora qué mi matá meismo?

Sra. Pearce: Eu quero é transformar uma moça suja e relaxada numa jovem limpa e elegante que possa sentar ao lado dos dois cavalheiros educados que estão na sala de visitas. Vai confiar em mim e fazer o que estou dizendo ou prefere ser jogada de volta na rua?

Liza: Mas a sinhora nim sabi o friu qui eu sinto – tenho hourror du friu. Já vi muita genti mourrê di friu.

Sra. Pearce: A sua cama aqui vai estar bem quentinha – vou pôr um bom saco de água quente nas cobertas. *(Empurrando.)* Vamos, sai daqui. Vai tirar essa roupa.

Liza: Si eu tinha sabido que tinha di mi limpá toda eu nunca que num tinha vino aqui. Eu tava tom bem no meu sujinho lá. Eu...

(Sra. Pearce empurra-a porta afora, mas não fecha a porta de todo pra evitar que Eliza fuja. Em seguida ela calça um par de luvas de borracha branca, enche a banheira, misturando água quente e fria, verifica o resultado com um termômetro. Perfuma a água com um frasco de sal de banho e adiciona um punhado de mostarda. Depois pega uma ameaçadora escova de banho, com um cabo enorme, e a enche de sabão, um sabão de bola perfumado. Eliza volta vestida apenas com o leve roupão bem apertado, uma lamentável figura, encolhida pelo terror.)

Sra. Pearce: Anda, vem cá. Tira isso!

Liza: Eu num poussu, madama: realmenti num cunsigo. Nunca num fiz isso na vida.

Sra. Pearce: Bobagem. Põe o pé aí e me diz se está quente demais para você.

Liza: Ah-oo! Ah-oo! Tá pelano!

Sra. Pearce: *(Arrancando a roupa dela subitamente e fazendo ela deitar de costas na banheira.)* Fica aí, não vai morrer não! *(Começa a trabalhar com a escova. Os gritos de Eliza são de cortar o coração.)*

• • •

(Enquanto isso o coronel acerta os ponteiros com Higgins a respeito de Eliza. Pickering está sentado na cadeira de balanço e, com os braços nas costas da mesma, interroga Higgins.)

Pickering: Desculpe-me ser tão direto, Higgins. Pode-se confiar no seu caráter quando se relaciona com mulheres?

Higgins: Você já conheceu algum homem de caráter confiável quando se relaciona mulheres?

Pickering: Já. Muitas vezes.

Higgins: *(Dogmático, levantando o corpo com as mãos até a altura do piano e sentando-se no piano com um salto.)* Pois eu, não. Descobri que, no momento em que permito a uma mulher ser minha amiga, ela se torna ciumenta, desconfiada, um aborrecimento permanente. Quanto a mim, no momento em que me permito ser amigo de uma mulher, me torno egoísta e tirânico. As mulheres transformam tudo. Quando você deixa que uma penetre em sua vida, descobre logo que ela tem um objetivo e você outro, completamente diverso.

Pickering: Dê um exemplo, por favor.

Higgins: *(Saltando do piano.)* Oh, só Deus sabe! Acho que a mulher quer viver sua própria vida; o homem, claro, a dele; e cada um dos dois procura levar o outro pro seu caminho, isto é, pro caminho errado. Um quer ir pro norte, o outro pro sul; o resultado é que os dois vão pro oeste, embora ambos detestem a região. *(Senta-se no banco do piano.)* É por isso que eu continuo aqui, um solteirão convicto. E espero permanecer assim até o fim dos meus dias.

Pickering: *(Levantando-se e aproximando-se dele com gravidade.)* Vem cá, Higgins! Você está fugindo ao que perguntei. O que eu quis dizer é que, se me meter nesta história, vou me sentir responsável pela moça. Quero deixar claro que não podemos tirar nenhuma vantagem de sua posição... digamos... inferior.

Higgins: Ah, mas é isso, Pickering!? Que coisa! Claro, a moça é sagrada, eu lhe garanto. *(Levantando-se para explicar.)* Você vê, ela é minha aluna, a partir deste momento: e o ensino seria impossível se os alunos não fossem respeitados como coisa sagrada. Já ensinei dezenas de milionárias americanas a falar inglês; as mulheres mais bonitas do mundo, te garanto. Tenho tarimba em resistir à tentação. Olho pra eles como olho pra tacos de bilhar. Diante delas eu próprio me sinto um taco de madeira. É uma coisa que... *(Sra. Pearce abre a porta. Está com o chapéu de Eliza na mão. Pickering volta à cadeira de balanço junto à lareira e senta.)*

Higgins: *(Interessado.)* Que tal?

Sra. Pearce: *(Na porta.)* Só queria incomodá-lo com uma palavrinha, professor.

Higgins: Pode entrar. *(Ela avança.)* Não queime isso,

por favor. Pretendo guardá-lo como curiosidade *(Pega o chapéu.)*

Sra. Pearce: Pegue com cuidado, por favor. Tive que prometer a ela que não ia queimar, senão não me dava: deixei um pouco no forno para secar.

Higgins: *(Põe o chapéu no piano.)* Obrigado. Mas, a senhora queria me dizer?...

Pickering: Estou atrapalhando?

Sra. Pearce: De modo algum, coronel. Professor, eu gostaria que o senhor tomasse muito cuidado com o que diz na frente da moça.

Higgins: Claro. Aliás eu sempre tomo muito cuidado com o que digo. Por que me pede isso?

Sra. Pearce: *(Irredutível.)* Desculpe, mas o senhor nem sempre toma cuidado com o que diz, sobretudo quando perde alguma coisa. Se excede, fica um pouco impaciente. Isso para mim não tem importância; estou acostumada. Mas acho bom o senhor não praguejar na frente da moça.

Higgins: *(Indignado.)* Praguejar!? Eu? *(Superenfático.)* Detesto isso. Diabos me carreguem se... *(para.)*

Sra. Pearce: *(Depois de um silêncio.)* É a isso que eu queria me referir, professor. O senhor pragueja um pouco demais, para o meu gosto. A mim, porém, não espanta mais os seus "Vão pro inferno", "Desgraçados!", "Que diabo!" e até mesmo "Merda! Merda!"...

Higgins: Madame Pearce! Uma linguagem dessa nos seus lábios!

Sra. Pearce: *(Imperturbável.)* Estou só citando. Mas há uma palavra que eu lhe peço não repetir. A moça acabou de usá-la ao entrar no banho. Começa com p. Está certo que ela diga; aprendeu ao nascer, ouvindo-a da própria mãe. Mas não seria razoável que o senhor ratificasse.

HIGGINS: Se entendo bem o que a senhora fala, madame Pearce, posso lhe garantir que jamais pronunciei semelhante palavra. *(Ela o olha com severidade. Ele adiciona, com um pouco de má consciência.)* A não ser, talvez, num momento de extrema e justificada irritação.

SRA. PEARCE: Só esta manhã, professor, o senhor aplicou essa palavra às suas botas, à manteiga e ao pão de fôrma.

HIGGINS: Ah, ora! Isso não vale! Simples alteração, madame Pearce – uma licença poética.

SRA. PEARCE: Chame o senhor como quiser, professor. Gostaria que não repetisse a palavra na frente da moça.

HIGGINS: Está bem. É só isso?

SRA. PEARCE: Não senhor... Temos também que tomar muito cuidado na questão de higiene pessoal.

HIGGINS: Certo. Claro. Importantíssimo.

SRA. PEARCE: Temos que cuidar da roupa e de não permitir que as coisas fiquem jogadas aí pelos cantos.

HIGGINS: *(Se aproximando dela.)* Exatamente. Eu pretendia chamar sua atenção pra isso. *(Passa por Pickering, que está adorando a conversa.)* São as pequenas coisas que contam, Pickering. Cuida dos níqueis que as libras cuidam de si próprias. É um provérbio que se aplica a dinheiro, mas pode se aplicar também aos hábitos pessoais. *(Para no tapete da lareira, com o ar de um homem que está numa posição indestrutível.)*

SRA. PEARCE: Plenamente de acordo. Por isso, professor, eu lhe peço para não vir tomar seu desjejum em camisola de dormir ou, pelo menos, não usar a camisola como guardanapo. Também seria bom que o senhor não misturasse a salada e a manteiga no mesmo prato. E não deixasse a moça pensar que a maneira educada de comer geleia é botando na palma da mão e lambendo. Aliás, tenho que lhe lembrar que a toalha tem que ser trocada em todas as refeições, devido às manchas que ficam depois que o senhor acaba de comer.

HIGGINS: *(Arrancado do lugar em que está e indo para o piano.)* Olha, madame Pearce, eu posso fazer essas coisas algumas vezes, quando estou muito preocupado, mas não aceito a crítica de que elas sejam rotineiras. *(Zangado.)* Por falar nisso, minha camisola de dormir está com um cheiro danado *(nota que pragueja)*, horrível, de benzina.

SRA. PEARCE: Claro que está, professor. Já foram três para a roupa suja esta semana exatamente porque o senhor limpou as mãos sujas de geleia, mas...

HIGGINS: *(Gritando.)* Ah, está bem, está bem. De agora em diante limparei as mãos no cabelo.

SRA. PEARCE: Espero não tê-lo ofendido, professor.

HIGGINS: *(Chocado com a hipótese de alguém achá-lo capaz de um sentimento tão pueril.)* Mas como? Em absoluto! A senhora tem toda razão: tomarei o máximo de cuidado diante da moça. É só isso?

SRA. PEARCE: Não, senhor. Será que ela pode usar alguns desses vestidos japoneses que o senhor trouxe na sua última viagem? Não vejo sentido em fazê-la vestir as próprias roupas.

HIGGINS: Perfeitamente. O que a senhora decidir está bem. É só isso?

SRA. PEARCE: É só isso, sim, senhor. Muito obrigada. *(Sai.)*

HIGGINS: Sabe, Pickering, essa mulher tem as ideias mais estranhas a meu respeito. Eu sou o que sou, um tipo modesto, tímido, diferente dos homens da minha idade. Jamais consegui me sentir realmente adulto e seguro do que fazer. E, no entanto, ela não tem a menor dúvida de que sou um egoísta, uma personalidade arbitrária, concentrada no desejo do mando – um tirano, em suma. Não sei de onde ela tirou isso.

SRA. PEARCE: *(Voltando.)* Desculpe, professor, mas acho que as encrencas já começaram. Tem aí um lixeiro que insiste em falar com o senhor.

HIGGINS: Lixeiro? Atende ele, dá o que ele quiser; manda embora.

SRA. PEARCE: Diz que é só com o senhor. Se chama Alfredo Doolittle e diz que a filha dele está aqui na sua casa.

PICKERING: *(Levantando-se.)* Pfiuuu! E essa, agora?

HIGGINS: *(Decidido.)* Manda subir esse patife.

SRA. PEARCE: Sim, senhor. *(Sai.)*

PICKERING: Talvez ele não seja um patife, Higgins.

HIGGINS: Claro que é.

PICKERING: Mesmo que seja, ou por isso mesmo, acho que vamos ter um probleminha.

HIGGINS: *(Confiante.)* Que nada; deixa. Se houver encrenca, pode ficar certo de que ele é que vai ter comigo; não eu com ele. E sempre podemos arrancar alguma coisa interessante desse canalha.

PICKERING: A respeito da moça?

HIGGINS: Não, me refiro ao linguajar.

PICKERING: Ah!

SRA. PEARCE: *(Na porta.)* O senhor Doolittle, professor... *(Faz o homem entrar e se retira. Alfred Doolittle é um homem idoso mas bem forte. Está vestido com as roupas da profissão, incluindo um chapéu com pala pendurada para trás, a qual lhe cobre o pescoço e os ombros. Tem uma fisionomia muito marcada mas bem interessante, reveladora de uma total ausência de medo – e de consciência. Fala com voz bastante expressiva, resultado de ter sempre emitido suas opiniões de maneira clara, decidida, sem reservas. Sua pose, neste momento, é a da honra ferida; de quem tem uma dura resolução a tomar.)*

DOOLITTLE: *(Na porta, sem saber qual dos dois é o seu homem.)* Proufessô Iguin?

HIGGINS: Eu. Bom dia. Senta aí.

DOOLITTLE: Bu, dia, meu partrão. *(Senta-se majestoso.)* Vim lhi farlá dulma sirtuação brastanti séria.

HIGGINS: *(Para Pickering.)* Criado em Hounslow. Mãe irlandesa, acho eu. *(Doolittle abre a boca, espantado. Higgins continua.)* O que é que você quer, Doolittle?

DOOLITTLE: Sóu quero minha fia.

HIGGINS: Ah, sim. Você, então, é o pai dela? Não está pensando que alguém mais queira ficar com ela, está?

Ainda bem que há pais como você que, no meio das maiores dificuldades, não perdem o sentido da união familiar. Ela está lá em cima. Leve-a agora mesmo, por favor.

DOOLITTLE: *(Levanta-se, golpeado.)* O quê?

HIGGINS: Leve-a embora. Ou você acha que vou sustentar sua filha pra você?

DOOLITTLE: Péra, péra. Partrão, num é bem irso. Num é ralzoarve. Num tenho nimim ninhuma tenção de pergá advantages só pruquê a fia é minha e o partrão tá cum ela. Uinhuma. Mais, aisdonde é qui eu ficu? *(Senta-se de novo.)*

HIGGINS: Tua filha teve a extrema audácia de vir à minha casa me pedir para lhe ensinar a falar corretamente. Quer trabalhar numa loja de flores. Este cavalheiro aqui e a minha governanta estiveram presentes todo o tempo. *(Ameaçador.)* Pois bem, só quando você entrou entendi a chantagem – você já mandou a moça aqui com esse objetivo.

DOOLITTLE: *(Protesto.)* Mais qui u quê, partrão!

HIGGINS: Então como é que você sabia que ela estava aqui?

DOOLITTLE: U sinhô tá farseando u carati di um homi, proufessô.

HIGGINS: A polícia vai esclarecer isso. Vai ter que explicar direitinho seu plano pra me arrancar dinheiro. Vou telefonar agora mesmo. *(Vai resolutamente pro telefone e abre o catálogo.)*

DOOLITTLE: Eu lhi pidi, pur um acausu, quarqué quantia? Um níquer sirqué? Eu dexo aí cum o carvalhero – farlei, arguma vez só, in dinheiro?

Higgins: *(Pondo de lado o catálogo e avançando para Doolittle.)* Então pra que veio aqui?

Doolittle: *(Suavemente.)* Bom, pra qui outra coisa eu vinha aqui, partrão? Seja omano *(humano)*, proufessô.

Higgins: *(Desarmado.)* Ela sabia disso, Alfred?

Doolittle: Nim pensá! Si ela surbé mi mata. Juro na bibra qui tem mais di mês qui nim veijo a guria.

Higgins: Então como é que soube que ela estava aqui?

Doolittle: *(Muito delicado, muito sentimental.)* Tô quereno contá. Tô esperano pra contá. Vô ino já lhi contá.

Higgins: Olha só, Pickering, uma vocação nata para a retórica. Observe só o ritmo dessa fala primitiva: "Tô quereno contá. Tôsperano pra contá. Vô ino já lhi contá". Retórica amaciadora, dolente, aliciadora. Ritmo galês puro. Como também são galesas essa falsidade e essa desonestidade.

Pickering: Higgins, por favor: eu também descendo de galeses. *(Para Doolittle.)* Como é que você sabia que a moça estava aqui se não foi você quem mandou?

Doolittle: Ói, meu partrão, a guria truxe cum ela um garotu, nu táxi. Deu uma briba *(vê que eles não entendem)*, uma carona prele inté qui. Fio da larvadeira, sabe? Êli ficô pur aí bestano quereno pergá otra carona di vorta. Aí, quano ela sube que u partrão ia fircá cum ela, mandô u garotu buscá as bagagi tudo. Foi aí qui eu mincuntrei eli i mi cuntô tudo. Nintão eu lhi pregunto: "Quar era meu dervê di pai?". Disse pru garotu: "Mi trais as bagagi".

PICKERING: *(Desconfiado.)* Por que você mesmo não foi apanhar?

DOOLITTLE: A instalajadera num ia intregá nada pra minha persoa. Essa spéci di gentinha u sinhô cunhece. Inté pru muleque fio du cão eu tive di dá um *penny*, u sinhô magina! Sinão êli – num me intregauva as bagagi. Eu truxe aí. *(Não sabe como terminar.)* Já cuntei tudo, meu partrão.

HIGGINS: Que bagagem é essa?

DOOLITTLE: Uns instrumentu musicar, us quadru, umas joia porcaria e uma gaiola di parsarinhu. Ela dirse qui ropa num prircisava. Lhi pregunto cumu pai; qui é qui eu dirvia di pensá?

HIGGINS: Você veio salvá-la de um destino pior do que a morte, não é isso?

DOOLITTLE: *(Encantado com a compreensão do seu problema.)* Irso meismo, proufessô. Sim tirá nim pô.

PICKERING: Mas por que você trouxe a bagagem dela, se pretendia levá-la de volta?

DOOLITTLE: Eu dirse uma parlavra di levá ela simbora? Quem dirse isso, coronér?

HIGGINS: *(Determinando.)* Não disse mas vai levá-la agora mesmo. Tem um minuto! *(Vai até a lareira e faz soar a campainha.)*

DOOLITTLE: *(Se levantando.)* Peraí, partrão, num faiz issu. Num queru perjudicá mia fia. Num sô hômi di tapá o sor di ninguém. Ela tá cum um bunitu fulturo pelas frente e num sô eu qui... *(A sra. Pearce abre a porta e espera ordens.)*

Higgins: Madame Pearce; este senhor é o pai de Eliza. Veio buscar a filha. Entregue-a a ele, por favor. *(Volta ao piano com ar de quem lavou as mãos de todo o problema.)*

Doolittle: Foi tudo um ingrano eu lhi agarantu. Inscuta só...

Sra. Pearce: Lamento muito, mas não dá para ele levá-la agora: o senhor me ordenou que queimasse as roupas dela.

Doolittle: U sinhô num não vê? Num possu lervá a guria puraí pelada feito um macaco. Possu? O sinhô si punha nu meu lugá.

Higgins: Você entrou aqui cheio de autoridade exigindo sua filha. Leve-a. Se ela não tem roupas entre na primeira loja e compre qualquer coisa.

Doolittle: *(Desesperado.)* I as ropa qui ela veio! Foi eu qui quemei ô foi sua criada aí?

Sra. Pearce: Eu sou a governanta, me faça o favor. Mandei buscar roupas para a sua filha. Assim que chegarem, o senhor pode levar a moça. Espere na cozinha. Por aqui, por favor *(Doolittle, muito perturbado, acompanha-a até a porta. Hesita. Logo se volta para Higgins, confiante.)*

Doolittle: Escuita, Proufessô – u sinhô i eu sumos hômis du mundu, num sumos?

Higgins: Será que somos? Acho melhor a senhora sair, madame Pearce.

Sra. Pearce: Eu também acho. *(Sai, cheia de dignidade.)*

Pickering: O palco é seu, amigo.

Doolittle: *(Não entende bem. Logo:)* Munto orbrigado, coronér. *(Para Higgins, que se refugia junto ao piano, um tanto desgostoso pela proximidade da visita, pois Doolittle tem uma boa camada de sujeira profissional na roupa toda.)* Bão, a verdade é qui eu, ansim qui lhi vi a sua cara, meu partrão, precebi qui era uma persoa di bem, di grandi simpartia. Qué dizê, si u sinhô quisé ficá cum a guria num sô eu qui vai butá bistáculos. Sô um hômi du mundu, sei qui tudu si pode nerguciá. Ela num é uma peça qui si incontra in quarqué carçada, é um perdaço de moça di si considerá. Cumu fia, bão, num vali u qui comi. Num dá nim pra sustentá; lhi digo isso pruqui sô hômi dereito. Só quero, é naltural, us meu dereito di pai; i pula sua cara, já lhi dirsi, u sinhô era u úrtimo hômi du mundu a querê ficá cum ela sin dá as dervida cumpensação. Tási veno qui u sinhô é um hômi justo, num vai nergá us dereito dos otro. Honestu, partrão – u qui é uma nota di cincos pru sinhô? É mais du qui eu largá uma fia? *(Volta à cadeira e se senta, esperando o julgamento.)*

Pickering: Acho que você tem que saber, Doolittle, que as intenções de Higgins para com sua filha são as mais respeitáveis.

Doolittle: Craro. Mas craro. Si eu pensava qui num era eu pidia cinquentas, coronér.

Higgins: *(Revoltado.)* Você está dizendo que era capaz de vender sua própria filha por cinquenta libras?

Doolittle: Num pra quarqué um, nim mi fali! Mais prum hômi di sua crasse, qui si vê qui é, vindia sim sinhô.

Pickering: Você não tem moral, rapaz?

Doolittle: *(Imperturbável.)* Num possu mim dá êssis luxu, partrão. U sinhô tamém num purdia, cum u qui eu ganhu. Num tô quereno ninhum mar pra minha guria, u sinhô mi intendi. Mais sí ela vai ganhá cum isso, pruque qui eu tamém num ganho?

Higgins: *(Perturbado.)* Eu não sei o que fazer, Pickering. Não há a menor dúvida de que dar a esse tipo aí um níquel que seja é um verdadeiro atentado à moral. E no entanto sinto que há um certo sentido de justiça, uma justiça primitiva, na reivindicação que ele faz.

Doolittle: É irso meismo, partrão. Eu sarbia qui u sinhô ia intendêr meus sintimento di pai...

Pickering: *(Para Higgins.)* Concordo com você: mas é duro ceder a essa espécie de...

Doolittle: Peraí, coronér. Num encarna irso ansim. Qui é qui eu sô, partrãos meus? Tô preguntano; qui é qui eu sô? Um poubre disfavourecido di Deus sim era nim bera. Voças incelênças já pensaro nu qui irso qué dizê? Qué só dizê qui a gente tá nadano di contra a mouralidade da crasse mérdia u tempo intero. Si tem arguma coisa qui a genti acha qui tem dereito a genti vai, põe a letra da genti lá, mas êlis diz: "Qui é qui há? Tu é um poubre disfavurecido; num merece. Sai da fila". Mais minhas nicissidade é anté maió du qui a dersas viúva muito farvurecidas qui recebi seis pensãos diferente peula morte du mesmu maridu. Num careço u mesmu dum cidadão favuricido: careço anté mais. Num comu menos; i bebu munto mais. Perciso di diversão pruquê sô um hômi di pensamentu. Quero munta arlegria em vorta, uma boa canção, um banda boa, quando tô burricido. Simprificano: ninguém num mi coubramenus pur coisa ninhuma só pruque eu sô pobre disfavourecido.

Di modu qui o qui eu lhis vus peuço, aos carvalheiros meus partrões, é só num arbusá da minha disfavorição. Tô jogano limpo – num digo que sô favourecido, num sinhô. Não sô e preteno continuá num seno. Anté gosto – taí uma vredade. Vossas sinhoria num vão querê tirá vantage da natureza boa di um hômi só pra pargá menos pur uma fia qui eli criô, arlimentô e vistiu com o suó du seu rosto anté ela ficá nu pontu surficente pra interessá us sinhoris dois. Han? Cincos libra tá dimais? Tô preguntano: Dexo cum us sinhô.

Higgins: *(Levantando-se e aproximando-se de Pickering.)* Pickering, se educássemos esse homem durante três meses, ele poderia escolher entre ocupar um assento na Câmara dos Comuns ou um púlpito numa catedral.

Pickering: Que é que você acha, Doolittle?

Doolittle: Num eu, partrão, gardeço munto. Já uví muntos sarcedoti i muntos disputadus i lhi grararanto qui é uma verdadera vida de cachorro. Pulítica, ô religião, ô dirigi u guverno, num são as diversão qui eu arpricio. Poubreza disamparada, êssi é u meu ramu, é du qui eu gosto. Num gosto di cumpará uma crasse cum a otra, não, mas, se fô pra farzê isso, ói, u meu ramu é qui tem meismo argum tutano pra si chupá.

Higgins: Acho que é melhor dar as cinco libras que ele pede.

Pickering: Tenho certeza de que vai fazer um péssimo uso do dinheiro.

Doolittle: Num eu, coronér, sei usá munto bem o dinhero. Num percisa tê medo deu poupá, guardá ele, botá pra rendê. Segunda fera, lhi argaranto, num tem mais nim um tustão dele. Vô tê que i trarbalhá di novo, cumo si nunca tinha boutado as mãos nessa nota. Num vai perjudicar a minha vida, deixa istá. Só uma boa rodada pra eu i a minha dona, eu i ela gozano um poco mais das cosa boa da vida, dando tarabalho pra quim percisa i gôsto pros sinhô quando subé qui u dinhero qui me pargaro nunca ninguém gastô cum tanta cumpeitença. Si mi perdoam, nim os carvalheiro aqui gastavo milhó.

HIGGINS: *(Tira a carteira de notas e avança até ficar entre o piano e Doolittle.)* Realmente irresistível. Vou lhe dar dez em vez de cinco. *(Dá duas notas ao lixeiro.)*

DOOLITTLE: Num sinhô, proufessô. Ela num tem êssi valô, nim eu quero mais du qui mereço. Dispois, dez libra é munto dinhero adimais: um hômi cumeça a querê ficá prudente, pensá nu futuro i adeus madama ferlicidadi. U sinhô mi paga u qui lhi pidi, partrão; nim um tostão a mais, nim um a meno. Lhi agardeço tamem in nômi da minha dona.

PICKERING: Por que você não aproveita e casa com essa sua companheira, essa sua dona? Eu ficaria satisfeito em contribuir pra acabar com essa relação imoral.

DOOLITTLE: Diz pra ela, partrão, diz pra ela. Eu bem qui quiria. Ansim cumu stá quem sorfre sô eu. Num cunsigo dominá ela. Tenho di sê agradáver pra ela, tenho di lhi dá presenti anté comprá pra ela ropas pecadora. Sô um inscravu dessa dona, coronér, só pruque num sô casadu na lergalidadi. Mais dêxa ela carza cumigo! Qué meu conselho di pai, proufessô?! Carza cum Eliza inquanto ela é moucinha e num sabe das coisa. Si num fizé irso angora, adispois vai se arripendê. Si fizé quim si arripende é ela; i ansim é qui tá certo. Milhó ela du qui u sinhô, pruque u sinhô é hômi, ela é só mulhé i mulhé num sabe meismo sê ferliz.

HIGGINS: Pickering, se ouvirmos este homem mais cinco minutos não vai nos restar nenhuma convicção. *(Para Doolittle.)* Cinco libras, então?

DOOLITTLE: Lhi agardeço di tudo u couração.

HIGGINS: Está certo de que não quer mesmo os dez?

DOOLITTLE: Num angora. Notra vez, proufessô.

HIGGINS: *(Lhe entregando uma nota de cinco.)* Está aí.

DOOLITTLE: Munto orbrigado. Munto bom dia. *(Vai rápido para a porta, ansioso por escapar com o butim. Quando abre a porta, se defronta com uma graciosa moça japonesa, vestida num simples quimono de algodão azul com leves estampados de pequenas flores brancas, jasmins.)* Discurpa, sinhurita.

A JAPONESA: Qué qui há? Num nim cunheci a própia fia?

DOOLITTLE: Deus mi cegui! Eliza!

HIGGINS: O que é isso? *(Juntos.)*

PICKERING: Por júpiter tonante!

LIZA: Tô tão rirdícula?

HIGGINS: Ridícula?

SRA. PEARCE: *(Na porta.)* Agora, professor, por favor, não diga nada que possa fazer a moça ficar presunçosa.

HIGGINS: *(Consciente.)* Oh! Muito obrigado, madame Pearce. *(Para Eliza.)* Está danada de ridícula.

Sra. Pearce: Por favor, professor.

Higgins: *(Corrigindo.)* Está lamentavelmente ridícula.

Liza: É pruque inda num mi viu cum u chapel. *(Pronunciar o ele.) (Pega o chapéu, coloca-o na cabeça e atravessa o aposento em direção à lareira, com ar empertigado.)*

Higgins: Uma nova moda, sem dúvida!

Doolittle: *(Orgulho paternal.)* Pôxa, nunca num pensei qui ela era tom limpa. Num meireço os parabém, coronér?

Liza: Num tem vantage a genti sê limpo aqui. Água quenti i fria nas tornera, quanta si quizé, tem meismo. Tualha tudo de lã, só veno: e umas tualha di fazê massagi tom quentis qui queima us dedu. Iscovas de limpá as costas pra não ficá nim um poco di sujo i ispuma di sabão chero di jasmim du cabu. Angora eu sei cumo as madamis podem serem tom limpas. Si larvá pra elas, é brincadera di criança. Eu quiria vê elas cherosa tumano banho na minha bacia.

Higgins: Estou contente por você aprovar nossas modestas instalações sanitárias.

Liza: Nim tudo. Tem coisa errada tamém. Madama sarbe.

Higgins: O que é que está errado, madame Pearce?

Sra. Pearce: *(Delicadamente.)* Ah, nada, professor. Não tem importância.

Liza: Minha premera tenção foi di quebrá. Nim sabia pra donde orlhá. Mais pensei num jeito i dipindurei uma tualha im cima.

Higgins: Em cima de quê?

Sra. Pearce: Do espelho. Ela cobriu o espelho.

Higgins: Doolittle, você educou sua filha de maneira demasiado puritana.

Doolittle: Eu, partrão? Nim sei cumo induquei ela – não sê nas oucasiões im qui era perciso uma boa sova di correia. Aí eu inducava! Num mi curpa dessas coisa. Ela num tá coistumada, só irso. Mas in logo ela perga êssis custumi libertino, pode dexá.

Liza: Eu sô uma moça boa, sô meismo: i num vô pergá ninhum custumi.

Higgins: Olha aqui, Eliza; se você repetir mais uma vez que é uma boa moça, eu mando seu pai levar você de volta.

Liza: Ele? U sinhô arquedita nisso? Si veio aqui foi só pra tumá dinhero seu pra enxugá uns gargalo.

Doolittle: Pra que qui servi u dinhero? Pra butá no prato da Igreja? *(Ela põe a língua pra fora. Ele fica tão indignado com isso que Pickering tem que se pôr entre os dois para evitar uma agressão.)* Já ti dirssi qui ti mato si tu teimá im mi moustrá a língua: e si u carvalheiro aqui mi dirsé qui tu fez isso prêlis, tu inda vai tê cumigo, tá uvino?

Higgins: Você ainda tem mais algum conselho a dar antes de ir embora, Doolittle? A sua bênção, por exemplo?

Doolittle: Não, proufessô, num pensa qui eu sô besta di querê passá prus fio u tudo qui cunheçu. Já é bem duro arguentá êlis sim êlis sabê di nada. Si u sinhô quisé disinvolvê a cabeça dela, pega a courreia u sinhô meismo; insina na força du seu braço. Anté otra! *(Se volta para ir embora.)*

HIGGINS: *(Autoritariamente.)* Espera. Você vai vir aqui de tempos em tempos ver a sua filha. É sua obrigação. Meu irmão é um clérigo – um padre. Pode ajudar você nas conversas com ela.

DOOLITTLE: *(Evasivo.)* Craro qui eu venho, partrão. Num esta sermana, pruque tenho um trarbalho distanti. Mais logu dispois podi contá cumigo. Boa tarde, carvalheiros. Boa tarde, mardama. *(Toca o chapéu para a sra. Pearce, que não dá atenção ao cumprimento, e sai. Pisca o olho para Higgins, tomando-o como companheiro de desdita com relação ao mau humor da senhora Pearce. Depois a segue.)*

LIZA: Pur favô num arcredita nêssi vélio mintiroso. É mais fárcil êli conversá cum um buldogui du quê cum um padre. U sinhô num vai vê êli tom cedo.

HIGGINS: Nem quero, Eliza. Você quer?

LIZA: Num eu! Num quero vê êli nunca mais da vida. É uma disgraça pra mim, é sim, aí nessa sujera di lixero, invêz di trarbalhá nu seu ofiço.

PICKERING: Qual é o ofício dele, Eliza?

LIZA: Tirá dinhero dos bolso dus otro i passá pru dêli. Mas seu ofiço di verdade é inscavação. Di veis in quano eli trarbalha um poco – pra si diverti – i ganha um bão dinhero. U sinhô num vai mais mi chamá di sinhorita?

PICKERING: Mil desculpas, senhorita Doolittle. Foi um descuido.

LIZA: Oh, eu num mimporto; só qui archo tom dilicado. U qui eu quiria agora era i de táxi até lá nu meu canto da prauça, mandá o táxi ficá insperano i dá uma vorta pra lá i pra cá, só pra bortá aquelas donas tudo nu seu divido. Nim num farlava cum elas, craro.

Pickering: É melhor esperar até você ter alguma coisa realmente elegante pra vestir.

Higgins: Além do que, você não pode tratar assim as suas ex-companheiras, só porque subiu na vida. Isso é o que nós chamamos de es-no-bis-mo.

Liza: U sinhô num chama di minhas cumpanhera aquelas gajas, inspero. Mi tiraro u pelo i mi butaro nu rirdículu todas vez qui pudero. Angora vô mi disforrá um poco. Mais si vô tê ropas mais na moda, intão inspero. Eu bem qui gostava. Mardama Pearce dirsi qui num vô usá na cama as meisma ropa qui u dia todu. Pra mim irsso é butá dinhero fora. Qui é qui vai vê a genti na cama? E dispois, nas noiti di inverno, tirá as ropa quentinha i entrá na cama fria, num sei prarque.

Sra. Pearce: *(Voltando.)* Bom, Eliza, chegaram as coisas aí pra você experimentar.

Liza: Ah-ow-oo-ooh! *(Corre pra fora.)*

Sra. Pearce: *(Atrás dela.)* Não corre assim, menina. *(Fecha a porta atrás de si.)*

Higgins: Pickering: trabalho duro, nós pegamos.

Pickering: *(Convicto.)* Duro mesmo, meu amigo.

• • •

(Deve haver alguma curiosidade quanto às lições que Higgins vai ensinar a Eliza. Bem, aqui vai um exemplo da primeira.

Visualizem Eliza, roupas novas e inteiramente perturbada por três refeições diárias – desjejum, almoço e jantar –, sentada com Higgins e o coronel, no estúdio. Ela se sente como um paciente num hospital, no primeiro encontro com os médicos.

Higgins, visceralmente incapaz de ficar sentado, a perturba mais ainda andando sem parar em volta dela. Se não fosse a presença calma e amiga do coronel, ela seria capaz de, repentinamente, sair correndo, nem que fosse para voltar à sua toca suja de Drury Lane.)

HIGGINS: Diga o alfabeto.

LIZA: Eu sei o arfabeto. U sinhô pensa qui num sei nada? Num percisa mi insiná cumu criança.

HIGGINS: *(Trovejando.)* Diz o alfabeto.

PICKERING: Diga, por favor, senhorita Doolittle. Já vai entender por quê. Faz o que ele manda: deixa ele lhe ensinar à sua maneira.

LIZA: Ah, bão, ansim sim – Ar, bêr, cêr, dêr...

HIGGINS: Espera, espera! Você ouviu, Pickering? É nisso aí, educação primária, que vai todo o nosso dinheiro. Ar, bêr, cêr, dêr... Esse pobre animal foi enjaulado alguns anos numa escola pra aprender a falar a língua de Milton e Shakespeare. E o resultado é esse. *(Para Eliza.)* Diga A – Bê – Cê – Dê.

LIZA: *(Quase chorando.)* Qui é qui tou dizendo? Ar – bêr – cêr – dêr.

HIGGINS: Está bem. Diz – abolidenrétipoxidengó. Só pra ver. Devagar. Abolidenré...

LIZA: Arbolindenré –

Higgins: Ótimo. Tipoxidengó...

Liza: Tipolxidengó...

Higgins: Viu, Pickering? Repete à perfeição. Se corrigirmos a tendência a rotacismos e lambdacismos e o prolongamento do *A* até parecer *R*, a pronúncia está correta.

Pickering: Bom ouvido. Vai dar certo, senhorita.

Higgins: Diz: um ninho de socamaras num solar de marasmáticos.

Liza: *(Apavorada.)* Num sei!

Pickering: Calma! Calma!

Higgins: Um ninho...

Liza: Um ninhu...

Higgins: ... de socamaras...

Liza: ... di solcamaras...

Higgins: ... num solar...

Liza: ... num sol – lar...

Higgins: ... de marasmáticos...

Liza: ... de malrasmáticos...

Higgins: Soberbo, Pickering. Vamos lá. O próprio primo procrastina a procriação. O próprio...

Liza: O prólprio...

Higgins: Primo...

Liza: Prilmo...

Higgins: Procrastina...

Liza: Prolcrastiuna...

Higgins: A procriação...

Liza: A prolcriação.

Higgins: Tirando as deformações *cockney* ela repete à perfeição. Vai ser uma duquesa. Agora vamos começar do começo. Uma palavra bem simples – CHÁ.

Liza: Chár.

Higgins: Chár.

Liza: Chár.

Higgins: *(Pega na cara dela, movimenta-lhe o queixo.)* Ouve bem, primeiro. Depois repete. Chá, chá, chá. Não prolonga a vogal senão o *a* vira *erre*. *Aaaarr Chaaar*. É *á*. Chá. Diz.

Liza: Chár.

Higgins: Já está melhor. Diz *chá* e corta logo.

Liza: Chár.

Higgins: Põe a língua bem pra frente e pra cima até fazer força contra a parte do centro da gengiva. Chá.

Liza: Chár. *(Sua cara é de desespero.)* Eu num sei. Só sei qui quando u sinhô farla é mais dilicado. Num oço diferência.

Higgins: Olha aqui, ouve! é *Chá*. Shhhhhhh.......á. Não tem nada mais simples, que diabo! Não resiste!

Liza: Cháááááá.....rrr.

Higgins: Olha: Ou você diz isso certo ou eu te pego pelos cabelos e dou três voltas te arrastando pela sala. Chá.

Liza: Chá. *(Cai em pranto.)*

Higgins: Magnífico.

Pickering: Magnífico mesmo, senhorita Doolittle. Chora um pouco que faz bem. Vai aprender com facilidade. E eu prometo não deixar o professor arrastar você pelos cabelos. Diz de novo pra mim, aqui, baixinho.

Liza: *(Terna.)* Cháááá.

Higgins: Ótimo. Pense bem na palavra. Repita-a sozinha mil vezes. Mantenha a língua bem pra frente, contra as gengivas, em vez de ficar enrolando ela nesse seu maldito dialeto. Vamos dar três lições por dia, aumentando o tempo, de semana em semana. Agora aproveita, vai lá dentro e pede um chá a madame Pearce. *(Eliza, ainda chorando, sai correndo.)* Sem *erre*!

Liza: *(Off.)* CHÁÁÁÁÁÁÁÁRRRRRRRR!

(É por essa espécie de tortura que ela passa durante alguns meses antes que a encontremos de novo em sua primeira aparição junto à Sociedade de Londres.)

ATO III

É o dia da senhora Higgins receber visitas. Ainda não chegou ninguém. A sala de visitas, um apartamento no Chelsea Embankment, tem três janelas dando pro rio. O teto não é tão pomposo quanto o seria numa casa mais velha da mesma pretensão. As janelas estão abertas, dando acesso a um balcão com vasos de flores. O espectador, de cara pra vidraça, estará com a lareira à esquerda e a porta à direita.

A senhora Higgins foi educada sob a influência de Morris e Burne Jones; e esta sala, completamente diferente da sala do filho, que acabamos de ver, não está atopetada de móveis, mesinhas nem miudezas. No centro há uma grande otomana; e isso, mais os tapetes, o papel de parede Morris, as cortinas de chintz Morris, e o brocado que cobre a poltrona e as almofadas, são toda a decoração, bonita o suficiente pra não ser necessário ocultá-la com uma porção de objetos inúteis. Alguns óleos, poucos e bons, das exibições na Grosvenor Gallery trinta anos atrás (o lado Burne Jones, não o lado Whistler da época) estão nas paredes. A única paisagem é de Cécil Lawson, na linha de Rubens. E há um retrato da dona da casa como era no tempo em que desafiava as modas, vestindo um belo costume Rossetiano, aquela moda que, quando usada (caricaturada) por pessoas que não a entendiam, levava a ridículos insuportáveis de esteticismo popular.

No canto diagonalmente oposto, a sra. Higgins (agora

com mais de sessenta anos e há muito tendo perdido a disposição de se vestir fora de moda) está sentada, escrevendo numa escrivaninha simples e elegante, a campainha ao alcance da mão. Há uma cadeira Chippendale *um pouco mais atrás, entre ela e a janela mais próxima. No outro lado da sala, um pouco à frente, está uma cadeira elisabetana, ligeiramente curvada, ao gosto de Inigo Jones. Do mesmo lado um piano, com uma caixa decorada. O canto entre a lareira e a janela é ocupado por um divã forrado de* chintz Morris.

Entre quatro e cinco horas da tarde.

A porta se abre violentamente; Higgins entra, de chapéu na cabeça.

SRA. HIGGINS: *(Espantada.)* Henry! *(Censurando.)* O que é que você está fazendo aqui, hoje? É meu dia de receber visitas; você prometeu não vir. *(Enquanto ele se curva para beijá-la ela lhe tira o chapéu e o entrega a ele.)*

HIGGINS: Ah, bobagem! *(Atira o chapéu na mesa.)*

SRA. HIGGINS: Vai embora logo.

HIGGINS: *(Beijando-a.)* Eu sei, mamãe. Vim de propósito.

SRA. HIGGINS: Mas não devia. Estou falando sério, Henry. Você ofende todos os meus amigos; param de me visitar quando começam a encontrar você aqui.

HIGGINS: Hi, que bobagem! Eu sei que sou um pouco destrambelhado; mas o pessoal não liga. *(Senta-se no sofá.)*

SRA. HIGGINS: Destrambelhado? É como você chama? E eles não ligam, é? Olha, vai embora. Você não pode ficar aqui.

Higgins: Preciso ficar. Tenho um trabalho pra você. Um trabalho fonético.

Sra. Higgins: Não adianta, querido. Lamento muito, mas não sei lidar com suas vogais, e, embora goste de receber os cartões na tua própria estenografia, só entendo mesmo é a tradução que você tem o cuidado de botar do lado.

Higgins: Bem, não é um trabalho fonético.

Sra. Higgins: Foi você quem disse.

Higgins: A sua parte não é. Olha, eu tenho uma moça...

Sra. Higgins: Isso quer dizer que uma moça tem você.

Higgins: Não estou falando de caso amoroso.

Sra. Higgins: Que pena!

Higgins: Por quê?

Sra. Higgins: Porque eu queria ver você com uma moça. Nunca se apaixona por ninguém com menos de 45 anos. Um dia ainda vai descobrir que existem mulheres interessantes mais jovens do que isso.

Higgins: Não tenho tempo pra meninotas. Minha ideia de uma mulher amável, no verdadeiro sentido da palavra, é ela ser bem parecida com você. Não vou gostar nunca de mulheres jovens; tenho hábitos muito arraigados. Não quero mudar. *(Levanta-se de repente e começa a andar, agitado, fazendo soar as moedas e as chaves no bolso da calça.)* Sem falar que são todas idiotas.

Sra. Higgins: Você sabe o que você deveria fazer se realmente me amasse, Henry?

Higgins: Eu sei, eu sei. Casar, não é isso?

Sra. Higgins: Não. Quer parar um pouco e tirar as mãos dos bolsos? *(Com um gesto de desespero ele obedece e senta-se de novo.)* Isso. Assim. Obediente. Agora me fala da moça.

Higgins: Ela está vindo pra cá pra conhecer você.

Sra. Higgins: Não me lembro de ter convidado.

Higgins: Não convidou. Tomei a liberdade. Se você a conhecesse, não a teria mesmo convidado.

Sra. Higgins: Interessante. Por quê?

Higgins: Muito simples: é uma florista, vendedora de flores na rua. Conheci numa calçada em Covent Garden.

Sra. Higgins: E imediatamente convidou-a a tomar chá comigo!

Higgins: *(Levantando-se e aproximando-se dela para bajulá-la.)* Calma, mãezinha. Vai dar tudo certo. Ensinei a ela não só como falar, mas o que não falar. Só pode tocar em dois assuntos; o tempo e a saúde. "Bonito dia" e "Como vai a senhora? Está passando bem?". Sabe como é. O problema é ela não cair no campo dos conhecimentos gerais. Terreno seguro.

Sra. Higgins: Terreno seguro, como? Falar de saúde? De nossas entranhas? Como é que você pode ser tão tolo, Henry?

Higgins: *(Impaciente.)* Bem, ela tem que falar de alguma coisa. *(Controla-se e senta-se.)* Olha, ela vai dar certo, fica calma. Não se exalte. Pickering está comigo. Apostei com ele que sou capaz de fazer a moça passar por duquesa em seis meses. Comecei a educá-la, prepará-la, há quatro meses, e ela progrediu com a violência de um incêndio numa casa de madeira. Gostou da imagem? Vou ganhar a aposta. Ela tem um ouvido admirável. Foi mais fácil ensinar a ela do que a meus alunos da classe média, porque teve que começar do zero – aprender toda uma linguagem nova. Já está falando inglês quase tão bem quanto você fala francês.

Sra. Higgins: Espero que isso seja um elogio.

Higgins: Quer dizer; é e não é. Ainda não é o bastante.

Sra. Higgins: Como assim?

Higgins: Olha, a pronúncia dela eu já consegui modificar completamente; mas uma pronúncia correta não é tudo, é claro. Temos que cuidar do que ela pronuncia com essa pronúncia. E é aí que você... *(São interrompidos por uma criada anunciando hóspedes.)*

Criada: A senhora e a senhorita Eynsford. *(Retira-se.)*

Higgins: Deus seja louvado! *(Levanta-se, tira o chapéu da mesa; dirige-se à porta; mas, antes de chegar lá, a mãe o apresenta. A senhora e a senhorita Eysnford Hill são as duas mulheres que se protegiam da chuva, em Covent Garden. A mãe é de muito boa origem, muito bem educada, tranquila, embora com a habitual ansiedade da pessoa que vive num orçamento apertado. A filha adquiriu um ar alegre de quem se sente muito bem em sociedade; bravata de pobre elegante.)*

Sra. Eynsford: *(Para sra. Higgins.)* Como está a senhora? *(Aperto de mão.)*

Srta. Eynsford: Boa tarde, senhora Higgins. *(Aperto de mão.)*

Sra. Higgins: Meu filho, Henry.

Sra. Eynsford: Ah, que prazer – seu famoso filho! Eu queria tanto conhecer o senhor, professor Higgins.

Higgins: *(Mal-humorado, sem se aproximar.)* Encantado. *(Encosta-se mais no piano e se curva com movimento brusco.)*

Sra. Eynsford: *(Aproximando-se dele com confiante familiaridade.)* Muito prazer.

Higgins: *(Olhando-a bem).* Eu já ouvi a senhorita em algum lugar. Não tenho a menor ideia de onde; mas sua voz não me é estranha. *(Tédio.)* Não tem importância. Senta aí.

Sra. Higgins: Preciso avisar que meu famoso filho não tem a menor sombra de boas maneiras. Não deem importância.

Sra. Eynsford: *(Alegre.)* Ora, não tem mesmo importância. *(Senta-se na cadeira elisabetana.)*

Sra. Eynsford: *(Um tanto assustada.)* Também acho. Em certas pessoas. *(Senta-se na otomana, entre a filha e a sra. Higgins, que virou sua cadeira para o outro lado da escrivaninha.)*

Higgins: Perdão, fui grosseiro? Não tive intenção. *(Vai à janela central, de costas pras visitas, contempla o rio e as flores do Parque de Battersea na margem oposta, como se aquilo fosse um deserto de gelo. A criada volta, anunciando Pickering.)*

Criada: O coronel Pickering. *(Retira-se.)*

Pickering: Como vai, senhora Higgins?

Sra. Higgins: Contente em que o senhor tenha vindo.

Conhece a senhora e a senhorita Eynsford? *(Troca de cumprimentos. O coronel puxa a cadeira* Chippendale *um pouco mais pra frente, senta-se.)*

PICKERING: Henry já lhe falou do motivo de nossa visita?

HIGGINS: *(Por cima do ombro.)* Fomos interrompidos no meio da conversa, que diabo!

SRA. HIGGINS: Henry, por favor, está exagerando!

SRA. EYNSFORD: *(Fazendo menção de se levantar.)* Estamos atrapalhando?

SRA. HIGGINS: *(Levantando-se e obrigando-a a sentar outra vez.)* Que nada. Não podiam ter chegado em momento mais oportuno. Estamos esperando uma grande amiga nossa.

HIGGINS: *(Pegando a bola no ar.)* Claro, não se incomodem! Precisamos de mais gente na conversa. As senhoras mesmo servem. *(A criada reaparece apresentando Freddy.)*

CRIADA: O senhor Eynsford.

HIGGINS: *(Quase alto, não aguentando mais.)* Deus do céu! Mais um!

FREDDY: *(Apertando a mão da sra. Higgins.)* Como tem passado?

SRA. HIGGINS: Muito gentil o senhor ter vindo. *(Apresenta.)* O coronel Pickering.

FREDDY: *(Curvando-se.)* Encontado!

SRA. HIGGINS: Conhece meu filho, professor Higgins?

FREDDY: *(Aproximando-se de Higgins.)* Encontado!

Higgins: *(Olhando-o como se visse um batedor de carteira.)* Sou capaz de jurar que também já o encontrei antes. Onde terá sido?

Freddy: Não tenho ideia. Deve estar confundindo com outra pessoa.

Higgins: É, não importa. Sente-se aí. *(Aperta a mão de Freddy e quase que o empurra pra otomana com a cara pra janela; dá a volta e vai pro outro lado da poltrona.)* Bom, aqui estamos todos, fraternalmente reunidos. *(Senta-se na outra otomana, ao lado da sra. Eynsford, à esquerda.)* E agora, que diabo vamos conversar enquanto Eliza não chega?

Sra. Higgins: Henry, você é a vida da festa nas reuniões da Sociedade Real. Mas alguém precisa lhe dizer que é apenas mal-educado em ocasiões mais modestas.

Higgins: Ah, é? Lamento. *(Curvando-se subitamente.)* Acho que sou mesmo, você tem razão. *(Alto.)* Ah, ah, ah!

Sra. Eynsford: *(Que considera Higgins um bom partido.)* É muito simpático. Tão natural. Também não gosto de conversas *fútis*. Se ao menos as pessoas fossem francas e dissessem o que realmente estão pensando.

Higgins: *(De novo soturno.)* Deus nos livre!

Sra. Eynsford: *(Tomando o lado da filha.)* Por quê?

Higgins: O que as pessoas acham que devem dizer já é péssimo; imagina se resolvessem dizer o que estão pensando – não havia reunião que se aguentasse. A senhora acha mesmo que teria uma tarde agradável se eu começasse a falar o que estou pensando?

Sra. Eynsford: *(Divertida.)* Não é um tanto cínica demais, essa visão?

Higgins: Cínica! Quem, demônios me carreguem, lhe ensinou que isso é cinismo? É muito mais – é indecente!

Sra. Eynsford: *(Séria.)* Ah, estou certa de que o senhor não pensa assim, professor.

Higgins: Quer saber de uma coisa, somos todos mais ou menos selvagens. Convencionou-se que somos civilizados e cultos – que sabemos tudo sobre poesia e filosofia, arte e ciência; essa tralha toda. Porém a maior parte de nós nem sabe o que esses nomes significam. *(Pra senhorita.)* O que é que a senhorita sabe de poesia? *(Para a senhora.)* O que é que a senhora sabe de ciência? *(Indicando Freddy.)* O que é que ele sabe de arte ou, aliás, de qualquer outra coisa? Que diabo a senhora imagina que eu sei de filosofia?

Sra. Higgins: *(Avisando.)* Ou de boa educação, por falar nisso?

A criada: *(Abrindo a porta.)* Senhorita Doolittle. *(Sai.)*

Higgins: *(Levantando-se e, rápido, aproximando-se da mãe.)* É agora, mãe. *(Fica na ponta dos pés e faz, por cima da cabeça da mãe, sinais pra Eliza, indicando quem é a dona da casa. Eliza, vestida de maneira requintada, dá uma impressão de tal beleza e distinção que, quando entra, todos se levantam, perturbados. Guiada pelos sinais de Higgins ela se aproxima da sra. Higgins, com graça estudada.)*

Liza: *(Falando com correção pedante e extraordinária beleza de tom.)* Muito prazer, senhora Higgins, como tem passado? *(Engole em seco, num ponto ou noutro, mas tudo sai à perfeição.)* O professor Higgins *(pronuncia cuidadosamente os* agá*)* me disse que eu podia vir vê-la.

SRA. HIGGINS: *(Muito cordial.)* Oh, mas claro: estou muito contente em tê-la aqui.

PICKERING: Como vai, senhorita Doolittle?

LIZA: *(Apertando-lhe a mão.)* O coronel Pickering, se não estou enganada.

SRA. EYNSFORD: Estou certa de que já nos encontramos antes, não, senhorita Doolittle? Seus olhos...

LIZA: Imenso prazer. *(Se senta na otomana, graciosamente, no lugar que Higgins acabou de deixar.)*

SRA. EYNSFORD: Minha filha, Clara.

LIZA: Muito prazer.

CLARA: *(Impulsiva.)* Muuuito prazer. *(Senta-se na otomana ao lado de Eliza, devorando-a com os olhos.)*

FREDDY: *(Vindo do outro lado da otomana.)* Acho que já tive o prazer, em alguma outra ocasião...

LIZA: Muito prazer. *(Freddy se curva e senta-se na cadeira elisabetana, interessadíssimo.)*

HIGGINS: *(Subitamente.)* Com mil diabos, é isso; já me lembro. *(Todos o olham.)* Covent Garden! *(Lamento.)* Ih, que desgraça!

SRA. HIGGINS: Henry, por favor! *(Ele está quase sentando na ponta da mesa.)* Não senta na minha escrivaninha; vai quebrar.

HIGGINS: *(De mau humor.)* Desculpe. *(Vai pro divã, tropeçando na proteção de grade e nos ferros da larei-*

ra; pronuncia algumas interjeições rebarbativas e se joga no divã com tal violência que quase o arrebenta. A sra. Higgins o olha, mas se controla e não fala nada. Silêncio longo e tenso.)

Sra. Higgins: *(Afinal, tentando um assunto.)* Parece que vai chover, não acha?

Liza: A pressão atmosférica oriunda do norte caminha lenta e firmemente em direção sudoeste. Mas devido à massa fria estagnada na região, não parece haver grandes possibilidades de modificações na situação barométrica.

Freddy: Ha, aha, ah! Como ela é engraçada!

Liza: Eu disse alguma coisa de errado, jovem senhor? Tenho a impressão de não ter cometido nenhum equívoco.

Freddy: É de matar!

Sra. Eynsford: Ainda bem, pensei que ia ficar ainda mais frio. Seria um horror, com essa epidemia de gripe. É uma tradição na minha família quando entra a primavera: todo mundo cai de cama.

Liza: *(Soturna.)* Minha tia morreu de gripe, isto é, pneumonia: é o que diziam.

Sra. Eynsford: Tsh! Tsh! Tsh! *(Estala a língua com simpatia.)*

Liza: *(No mesmo tom trágico.)* Mas tenho a impressão de que fecharam a velha.

Sra. Higgins: *(Intrigada.)* Fecharam?

Liza: Siim, seeenhora! Como é que ela ia morrer de gripe? Uma velha forte daquele jeito? Um ano antes ela tinha tido uma difteria daquelas e saiu novinha como se não fosse nada. Vi com estes olhos. Chegou a ficar azul assim, oh! *(Pega qualquer fazenda e mostra um azul berrante.)* Todo mundo pensou que estava morta; mas meu pai não desistiu, continuou enfiando gim pela goela dela abaixo e de repente a velha reviveu com tal força que mordeu a concha da colher.

SRA. EYNSFORD: *(Espantada.)* Meu Deus!

LIZA: *(Reforçando a suspeita.)* Como é que uma mulher forte assim ia morrer de gripe? O que é que aconteceu com o chapéu de palha, novinho em folha, que ela deixou para mim? Alguém afanou, é claro; e quem afana um chapéu é bem capaz de fechar uma pessoa.

SRA. EYNSFORD: Esse fechar que ela emprega é o que estou entendendo?

HIGGINS: *(Rápido.)* Acho que sim. Uma expressão nova – fechar uma pessoa significa assassiná-la. Como quem fecha uma conta.

SRA. EYNSFORD: *(Horrorizada.)* A senhorita realmente não acredita que sua tia foi assassinada!?!

LIZA: Não acredito?!? Os tipos com quem ela vivia eram capazes de despachar ela por um alfinete, imagine agora um chapéu de palha novinho em folha.

SRA. EYNSFORD: Teria sido correto seu pai obrigá-la a ingerir substâncias etílicas exatamente quando ela estava tão mal? Não teria sido essa a causa da morte?

LIZA: Que o quê! Pra ela gim era como leite materno. Sem falar que meu pai, ele mesmo, entornava tanto que conhecia melhor do que ninguém todos os efeitos do álcool.

SRA. EYNSFORD: A senhorita quer dizer que ele bebia?

Liza: Bebia!? Não me deixe rir, minha senhora. Uma esponja!

Sra. Eynsford: Deve ter sido terrível para você!

Liza: Que nada. Que eu visse, o álcool nunca lhe fez mal nenhum. É bem verdade que ele bebia de maneira muito irregular. *(Alegre.)* No ímpeto, como diz o professor, no ímpeto. De tempos em tempos. E era sempre uma pessoa muito mais agradável quando estava mamado. Sempre que estava no desvio, minha mãe pegava quatro *pence* das despesas e dizia a ele pra dar o fora de casa e só voltar quando estivesse bêbado e cheio de carinho e compreensão familiar. Tem muita mulher que eu conheço que precisa chumbar o marido pra aguentar viver com ele. *(Não muito à vontade.)* A senhora sabe, a vida é dura. Se um homem tem consciência da condição em que vive, isso sempre o deixa amargurado quando está sóbrio; mas basta um bom copo de pinga pra limpar a alma e a vida – e a alegria volta. *(Para Freddy, que está em convulsões de riso reprimido.)* Hei, de que é que o senhor está rindo?

Freddy: Rindo de simpatia. Sua maneira de falar. É interessantíssima.

Liza: Se é interessantíssima, então por que o senhor ri? *(Para Higgins.)* Falei alguma coisa que não devia?

Sra. Higgins: *(Se interpondo.)* Em absoluto, senhorita.

Liza: Oh, bom, que alívio que a senhora me dá. *(Expansiva.)* O que eu sempre digo é que...

Higgins: *(Levantando-se e olhando o relógio.)* Ahanahammmm!

Liza: *(Olhando pra ele, percebendo o aviso, levantando-se.)* Bom, tenho que ir. *(Todos se levantam, Freddy* *vai até a porta.)* Tive imenso prazer em conhecê-la. Boa tarde. *(Aperta a mão da sra. Higgins.)*

SRA. HIGGINS: Boa tarde.

LIZA: Adeus, coronel Pickering.

PICKERING: Adeus, senhorita. *(Apertam-se as mãos.)*

LIZA: *(Se curvando.)* Boa tarde a todos.

FREDDY: *(Abrindo a porta.)* Por acaso vai pelo parque, senhorita Doolittle? Se vai, eu...

LIZA: *(Com dicção perfeita e elegante.)* Pelo parque? A pé? *(Estranhando.)* Que diabo, estou de táxi. *(Sai. Pickering pigarreia e senta. Freddy vai até a janela pra dar mais uma olhada na moça.)*

SRA. EYNSFORD: *(Quase sufocada.)* Realmente não consigo me acostumar a essas formas novas... tão soltas... de falar.

CLARA: *(Atirando-se desconsolada na cadeira elisabetana.)* Ora, mãe, não tem nada de mais, é assim mesmo. As pessoas podem até pensar que não vamos a lugar nenhum e não conhecemos ninguém, da maneira como a senhora se espanta com qualquer coisa.

SRA. EYNSFORD: Eu, minha filha, não tenho vergonha de dizer – sou antiquada mesmo, que é que vou fazer? E espero que você, Clara, não passe a usar esse tipo de linguagem. Já me acostumei a ouvir você chamar os rapazes de janotas, ou, pior, pilantras e pelintras; embora eu ache isso horrível. É indigno de uma moça de sociedade. Essa linguagem que ela falou, me perdoem, essa, então, acho um pouco demais. Não pensa assim, coronel Pickering?

Pickering: Não me pergunte, por favor. Estive na Índia muitos anos, não sei. Os costumes mudaram tanto que muitas vezes eu me pergunto se estou num jantar de gala ou num bar do cais do porto.

Clara: Ora, tudo é uma questão de hábito. Fechar ou assassinar, que importa? Essa linguagem, em si mesma, não significa nada – serve apenas pra dar ênfase e interesse a certas coisas que, de outra maneira, talvez não tivessem a menor graça. Considero esses novos coloquialismos deliciosos e perfeitamente inocentes.

Sra. Eynsford: *(Levantando-se.)* Bem, terminada a prelação, acho que está na hora de partirmos. *(Pickering e Higgins se levantam.)*

Clara: *(Levantando-se.)* Ah, é mesmo; ainda temos três visitas a fazer. Boa tarde, sra. Higgins, boa tarde, coronel Pickering, boa tarde, professor Higgins.

Higgins: *(Acompanhando-a até a porta.)* Adeus. Não esqueça de usar seus coloquialismos nas três visitas que vai fazer. Nada de hesitações: quem não arrisca não lambisca.

Clara: *(Abrindo-se num riso.)* Isso mesmo. Adeus. Besteira, todo esse recato vocabular vitoriano.

Higgins: *(Tentando-a.)* Uma estupidez danada!

Clara: Uma tolice desgranida!

Sra. Eynsford: *(Achando demais.)* Clara!

Clara: Ah! Ah! *(Sai radiante, cônscia de estar na última moda e ainda se a ouve, quando desce as escadas, rindo, feliz.)*

Freddy: *(Pros céus.)* Bom, o que eu pergunto... *(Desiste, dirige-se à sra. Higgins.)* Adeus, minha senhora.

Sra. Higgins: *(Aperta-lhe a mão.)* Adeus. Gostaria de se encontrar com a senhorita Doolittle outra vez?

Freddy: *(Entusiasmado.)* Ah, sim, gostaria muito.

Sra. Higgins: Bem, o senhor sabe os dias em que recebo.

Freddy: Sim, senhora: é muita gentileza. Obrigado. Boa tarde. *(Sai.)*

Sra. Eynsford – Adeus, senhor Higgins.

Higgins: Adeus. Adeus.

Sra. Eynsford: *(Para Pickering.)* Não tem jeito. Nunca me acostumei a usar essa linguagem.

Pickering: Não use. Não sei se a senhora sabe – não é obrigatório. Pode-se viver perfeitamente sem isso.

Sra. Eynsford: Não estou tão certa. Clara me apoquenta o tempo todo, sempre que não me mostro entusiasmada com a última palavra da moda. Adeus.

Pickering: Até outra vez. *(Apertam as mãos.)*

Sra. Eynsford: *(À sra. Higgins.)* Por favor, desculpe Clara. *(Pickering, percebendo, pelo tom mais baixo da voz dela, que isso não é para ser ouvido, discretamente vai até Higgins, junto à janela.)* Somos tão pobres e ela vai a tão poucos lugares, coitada! Não sabe como se comportar. *(A sra. Higgins, vendo que ela está com os olhos molhados, pega a mão dela carinhosamente e a leva até a porta.)* Mas o rapaz é excelente. A senhora não acha?

Sra. Higgins: Claro. Terei sempre o maior prazer em recebê-lo.

Sra. Eynsford: Fico-lhe profundamente grata. Adeus. *(Sai.)*

Higgins: *(Ansioso.)* Então? Eliza é apresentável? *(Pega a mãe e arrasta-se até a otomana, onde antes estava sentada Eliza. Higgins senta à esquerda. Pickering volta a sua cadeira, à direita da sra. Higgins.)*

Sra. Higgins: Ah, você, meu bobão! É claro que Eliza não é apresentável. Ela é um triunfo da sua arte e da do seu costureiro; mas se você pensa, por um momento sequer, que ela não se denuncia em cada palavra que diz, é porque está completamente apaixonado por ela.

Pickering: Mas a senhora não acha que alguma coisa pode ser feita? Quero dizer, alguma coisa que limpe o elemento mais visceral de sua linguagem?

Sra. Higgins: Não. *(Pausa.)* Não enquanto ela estiver nas mãos de Henry.

Higgins: *(Sentido.)* A senhora quer mesmo dizer, a sério, que minha linguagem é imprópria?

Sra. Higgins: Depende; acho até que pode ser considerada uma linguagem absolutamente própria nos barcos do canal da Mancha. Mas não diria o mesmo num salão social.

Higgins: *(Profundamente ofendido.)* Bem, eu devo dizer...

Pickering: *(Interrompendo-o.)* Na verdade, não ouço seu tipo de linguagem desde os saudosos tempos em que examinava recrutas pra guarda municipal; já lá vão vinte anos.

Higgins: *(Triste.)* Bem, eu nunca disse a ninguém que falo como o Santo Papa.

Sra. Higgins: *(Acalmando Higgins com um toque de mão.)* Coronel Pickering, quer me contar qual é exatamente o estado de coisas na rua Wimpole, no lar de meu querido filho?

Pickering: *(Alegremente, como se fosse mudar completamente de assunto.)* Bem, eu fui morar lá com Higgins, há alguns meses. Trabalhamos juntos nos meus dialetos hindus; e achamos mais conveniente...

Sra. Higgins: Já sei tudo a esse respeito e acho uma união de trabalho extremamente feliz. Mas, onde é que vive essa moça?

Higgins: Conosco, é claro. Onde é que ela ia morar?

Sra. Higgins: Mas, em que condições? É uma criada? Se não é uma criada, o que é que ela é?

Pickering: *(Lento.)* Acho que estou entendendo aonde a senhora quer chegar.

Higgins: Que macacos me mordam se *eu* entendo. Tive que trabalhar nesse material diariamente durante vários meses até poder apresentar o resultado em público. Mas ela me é útil, claro. Sabe onde estão as minhas coisas, recorda meus compromissos, et cetera.

Sra. Higgins: Como é que sua governanta se dá com ela?

Higgins: Madame Pearce? Está muito contente de ficar livre de certas obrigações. Antes de Eliza aparecer ela é quem tinha que procurar minhas coisas e tomar nota de meus compromissos. Mas acho que está com alguma zurumela no bestunto a respeito de Eliza. Cada vez pergunta mais, a respeito dela: "O senhor não acha que?...", não é mesmo, Pick?

Pickering: Parece uma fórmula: "Professor, o senhor

não acha que...?". É o começo de todas as conversas sobre Eliza.

HIGGINS: Como se eu parasse um minuto de pensar em Eliza e no diabo de suas vogais e consoantes. Estou esgotado de pensar nela, observar sua boca, língua, dentes, pra não falar da alma, que é o mais estranho da tralha toda.

SRA. HIGGINS: Em suma, dois garotinhos travessos, brincando de arrancar os olhos de uma boneca viva.

HIGGINS: Brincando? É a tarefa mais difícil que eu já me propus; não brinque com isso a senhora, minha mãe. É claro que é diabolicamente fascinante pegar um ser humano e transformá-lo em outro dando-lhe uma aparelhagem vocabular totalmente nova. Tenho a sensação de que estou enchendo o fosso que separa classe de classe e alma de alma.

PICKERING: *(Puxando a cadeira pra mais perto da sra. Higgins, curvando-se para ela, entusiamado.)* É terrivelmente interessante. Eu lhe garanto, sra. Higgins, nós levamos Eliza extremamente a sério. Todo mês, toda semana – quase todo dia – há uma mudança – uma nova descoberta. *(Mais perto.)* Guardamos discos de todos os estágios – dezenas de discos de gramofone, centenas de fotos...

HIGGINS: *(Assaltando o outro ouvido da sra. Higgins.)* O diabo que me carregue se não é a experiência mais absorvente em que já me meti. Enche completamente nossa vida, não é mesmo, Pick?

PICKERING: Não temos outro assunto, só falamos Eliza.

Higgins: Lecionamos Eliza.

Pickering: Vestimos Eliza.

Sra. Higgins: O quê?

Higgins: Inventamos novas Elizas.

(Higgins e Pickering agora começam a falar juntos.)

Higgins: A senhora sabe, é um ouvido admirável, quase absoluto! Exatamente igual...

Pickering: Eu lhe garanto, cara senhora Higgins, essa moça...

Higgins: ... a um papagaio. Experimentei-a com toda espécie de...

Pickering: ... é um gênio. Toca piano admiravelmente. Parece que nunca fez outra coisa.

Higgins: ... dialetos. Continentais, africanos, hotentotes...

Pickering: Nós a levamos a concertos clássicos e também a...

Higgins: ... Ouve qualquer som emitido pelo ser humano...

Pickering: ... peças de teatro e conferências...

Higgins: ... já aprendeu coisas que levei anos pra descobrir...

Pickering: ... e – quando chega em casa – quer sempre saber mais. Pergunta...

Higgins: ... pega tudo na hora, com uma rapidez que me deixa estupefato...

Pickering: ... por Beethoven, Brahms, Lehar e Lionel Monckton...

HIGGINS: ... com a sensação de uma criação extraordinária.

PICKERING: ... embora há seis meses ela não tivesse nem sequer visto um piano.

SRA. HIGGINS: *(Subitamente tapando os ouvidos, pois, neste ponto, os dois estão gritando cada um mais alto do que o outro, num barulho insuportável.)* Shhhhhh! *(Eles param.)*

PICKERING: Mil perdões. *(Recua fortemente a cadeira, encabulado.)*

HIGGINS: Desculpe. Quando Pickering começa a gritar, ninguém consegue dizer nada senão gritando também.

SRA. HIGGINS: Um minuto de silêncio, Henry, por favor. Coronel Pickering, o senhor não percebe que quando Eliza entrou na rua Wimpole alguma outra coisa entrou junto com ela?

PICKERING: O pai. É, o pai entrou com ela. Mas Higgins botou-o pra fora imediatamente.

SRA. HIGGINS: Teria sido melhor se a mãe entrasse. Mas, como a mãe não entrou, alguma outra coisa tomou o lugar dela.

PICKERING: O quê?

SRA. HIGGINS: *(Inconscientemente mostrando sua época pela palavra.)* Um problema.

PICKERING: Ah, sim, é claro. O problema de fazê-la passar por uma *lady*.

HIGGINS: Eu resolvo esse problema: já está resolvido.

SRA. HIGGINS: Não, meus dois bons exemplos da infinita estupidez masculina – o problema é o que vai ser feito dela, no fim.

HIGGINS: Ué, não vejo problema algum. Ela estará livre pra ir pra onde quiser com todas as vantagens que adquiriu.

SRA. HIGGINS: Você fala das *vantagens* dessa pobre moça que acabou de sair daqui ainda agora? Maneiras e hábitos que a qualificam como uma maravilhosa dama da sociedade. Isto é, uma mulher capacitada a não fazer absolutamente nada. Com o agravante de que ela não possui as rendas de uma *lady*. É isso o que vocês pretendiam?

PICKERING: *(Indulgente, bastante entediado.)* Ah, senhora Higgins, isso se resolve... *(Levanta-se.)*

HIGGINS: *(Também se levantando.)* Nós lhe arranjamos um emprego... simpático.

PICKERING: Ela está muito feliz. Não se preocupe. Adeus. *(Aperta a mão dela como se estivesse querendo segurar uma criança e vai em direção à porta.)*

HIGGINS: De qualquer forma, agora não adianta mais se preocupar. A coisa está feita. Adeus, mamãe. *(Beija-a e segue Pickering.)*

PICKERING: *(Voltando-se para um último consolo.)* Há muitas possibilidades. Não vamos fazer nada errado. Adeus.

HIGGINS: *(Para Pickering, enquanto saem.)* Vamos levá-la à exibição Shakespeareana em Earls Court – ainda dá tempo.

PICKERING: Dá, sim. Vamos. Quero ouvir os comentários dela.

Higgins: Vai imitar toda aquela patuscada, quando chegar em casa.

Pickering: Excepcional. *(Ouve-se seus risos enquanto descem a escada.)*

Sra. Higgins: *(Levanta-se num ímpeto de impaciência e volta à escrivaninha. Afasta um monte de papéis da sua frente, tira uma folha de papel de um nicho, começa a escrever com firmeza. Na terceira linha desiste. Joga a pena. Segura a mesa com raiva e exclama:)* Oh, os homens! Os homens! Os homens!

• • •

(Evidentemente Eliza ainda não passa por duquesa. A aposta de Higgins, portanto, ainda não foi ganha. Mas, também, ainda não se passaram seis meses.

Na hora certa, Eliza passa por princesa. Para imaginarem como se conseguiu isso, pensem numa embaixada em Londres, numa noite de verão. A porta de entrada tem um toldo e um tapete que vai até o meio-fio, pois há uma grande recepção. Pequena multidão se espreme na calçada para ver as personalidades que chegam.

Um Rolls-Royce para. Pickering, em roupa de rigor, com medalhas e crachás, desce e ajuda Eliza, com um manto de ópera, vestido de gala, diamantes, leque, flores e todos os demais acessórios. Higgins segue-os. O carro parte. Os três sobem as escadas e entram na casa, as portas se abrindo assim que eles sobem.

Dentro da casa eles se encontram num espaçoso hall *do qual parte uma grande escada central. À esquerda estão os cabides usuais para os casacos masculinos.*

Os homens estão depositando ali seus chapéus e agasalhos.

À direita há uma porta conduzindo ao vestuário feminino. As senhoras entram de casacos e saem esplendorosas. Pickering sussurra para Eliza, mostrando-lhe o vestiário. Ela entra. Higgins e Pickering tiram os sobretudos e pegam tíquetes do empregado.

Um dos convidados, ocupado com a mesma tarefa dos dois, está de costas. Depois de pegar o tíquete se volta e revela-se um jovem de ar extremamente importante, com uma cara extremamente peluda. Tem um enorme bigode e suíças luxuriantes. O cabelo quase não lhe deixa testa. Atrás o cabelo está grudado com óleo, como, aliás, em toda a cabeça. No resto, apesar disso, tem um ar bem esperto. Usa várias medalhas, ordens honoríficas sem maior valor. É, evidentemente, um estrangeiro, pode-se quase dizer com certeza que é um condestável húngaro. A despeito da ferocidade de seu bigode, é uma personalidade amável, com um tom até bastante volúvel. Reconhecendo Higgins, abre os braços e aproxima-se dele com entusiasmo.)

BIGODUDO: Maestro, meu maestro! *(Abraça Higgins e o beija em ambas as faces.)* Lembra-se de mim?

HIGGINS: Claro que não. Quem, diabo, é você?

BIGODUDO: Seu aluno; seu primeiro aluno. Seu melhor aluno. Seu maior aluno. Sou o pequeno Nepomuck, o garoto-maravilha. Tornei seu nome famoso em toda a Europa. Senhor me ensina fonética. Não pode esquecer de MIM.

HIGGINS: Por que é que você não faz a barba?

Nepomuck: Não tenho a sua aparência imponente, o seu queixo forte, sua testa nobre. Ninguém me dá atenção quando estou sem barba. Foi assim que eu fiquei famoso. Com esta cara. Me chamam de Dick, o gorila.

Higgins: E o que é que você está fazendo aqui no meio de todos esses janotas?

Nepomuck: Sou intérprete. Sou indispensável nestas reuniões internacionais. Falo 32 línguas. O senhor é um grande especialista em *cockney*: localiza uma pessoa de qualquer lugar de Londres no momento em que ela abre a boca. Eu localizo qualquer pessoa na Europa. *(Um criado desce correndo a escada e se dirige a Nepomuck.)*

Criado: Precisam do senhor lá em cima. Sua excelência está querendo falar com o diplomata grego.

Nepomuck: Pois não, vou imediatamente. *(O criado sobe e some.)* Esse diplomata grego finge não falar nem entender inglês. Mas a mim não me engana. É filho de um relojoeiro de Manchester. Fala um inglês tão horrendo que prefere não pronunciar uma palavra para não trair sua origem. Eu o ajudo a manter a farsa; bem pago, é claro. Todos me pagam muito bem! Ha, ha, ha! *(Sobe, depressa.)*

Pickering: Esse indivíduo é realmente um especialista? Não vai descobrir Eliza e querer fazer chantagem? Temos que tomar cuidado.

Higgins: Vamos ver. Se descobrir, eu perco a aposta. *(Eliza vem do vestiário e se reúne a eles.)*

Pickering: Bem, Eliza, chegou a hora. Está pronta?

Liza: Está nervoso, coronel?

Pickering: Nem me aguento. Sinto-me exatamente como antes da minha primeira batalha. A primeira vez é sempre a mais assustadora.

Liza: Deve ser. Pra mim, porém, coronel, esta não é a primeira vez. Já enfrentei esta situação cinquenta vezes – centenas de vezes, no meu pequeno chiqueiro, alguns meses atrás. Sonhei muito com esta situação. Agora é só fazer de conta que estou sonhando. Prometa que não vai deixar o professor Higgins me acordar; se ele me acordar eu esqueço tudo e volto a falar como falava antigamente.

Pickering: Nem uma palavra, Higgins. *(Para Eliza.)* Vamos?

Liza: Vamos.

Pickering: Fogo! *(Sobem as escadas, Higgins por último. Pickering cochicha pro criado do primeiro lance.)*

Criado: Srta. Doolittle, coronel Pickering, professor Higgins.

Criado do segundo lance: Srta. Doolittle, coronel Pickering, professor Higgins.

(No alto das escadas, o embaixador e a embaixatriz, com Nepomuck junto, recebem.)

Embaixatriz: *(Pegando a mão de Eliza.)* Boa noite, como está?

Embaixador: *(Mesmo jogo.)* Boa noite. Como vai, Pickering?

Liza: *(Com bela gravidade que infunde respeito à embaixatriz.)* Imenso prazer, senhora embaixatriz. *(Passa pro salão.)*

Embaixatriz: É a sua filha adotiva, coronel Pickering? Vai fazer sensação.

Pickering: Extremamente gentil de sua parte convidá-la em meu nome. *(Entra.)*

Embaixatriz: *(A Nepomuck.)* Descubra tudo a respeito dela.

Nepomuck: *(Curvando-se.)* Excelência... *(Mete-se na multidão.)*

Embaixador: Como vai você, Higgins? Tem um rival aqui, esta noite. Apresentou-se como seu aluno. É bom?

Higgins: É capaz de aprender uma língua em quinze dias – sabe dúzias. Marca indispensável do idiota. Como foneticista, porém, não tem a menor competência.

Embaixatriz: Como está o senhor, professor?

Higgins: Muito bem, obrigado. Deve ser de encher a paciência suportar uma caceteação dessas a noite inteira, não? Perdoe o percentual com que contribuo. *(Entra. No salão e nas salas contíguas a recepção está no auge. Eliza vai passando. Está tão compenetrada em sua provação que anda como uma sonâmbula num deserto em vez de caminhar como uma debutante numa reunião altamente sofisticada. As pessoas param de falar pra olhar pra ela, admiram-lhe o vestido, as joias, e ela própria, excepcionalmente atraente. Há até alguns homens mais jovens – e mais atrevidos – que, estando ao fundo, trepam em cadeiras pra vê-la melhor. Os anfitriões sobem de onde estavam e se misturam com os convidados. Higgins, aborrecido, e com desdém pelo* *tipo de reunião, se junta ao grupo em que os donos da casa estão conversando.)*

Embaixatriz: Ah, aqui está o professor Higgins; ele vai nos esclarecer. Conte-nos tudo a respeito dessa jovem tão encantadora, professor.

Higgins: *(Quase grosseiro.)* Que jovem?

Embaixatriz: O senhor sabe muito bem! Estão me dizendo que nunca se viu nada igual – há rapazes trepando nas cadeiras para admirá-la. Só se fez isso há muitos anos pra ver *lady* LongSun. *(Nepomuck junta-se ao grupo, cheio de novidades.)* Ah, você voltou, Nepomuck. O que é que descobriu sobre a jovem Doolittle?

Nepomuck: Uma coisa muito simples e irrefutável – é uma fraude.

Embaixatriz: Uma fraude? Como?

Nepomuck: Fraude, sim. A mim ninguém me engana. Não pode se chamar Doolittle.

Higgins: Por quê?

Nepomuck: Porque Doolittle é um nome inglês. E ela não é inglesa.

Embaixatriz: Oh, que tolice! Ela fala um inglês perfeito.

Nepomuck: Exatamente. Demasiado perfeito. A senhora é capaz de me mostrar algum inglês que fale inglês perfeito? Só estrangeiros que foram educados com extremo rigor falam dessa maneira.

Embaixatriz: É verdade que ela chegou quase a me assustar com o tom, a vibração com que disse: "Imenso prazer, senhora embaixatriz". Tive uma professora que falava nesse tom: e eu tinha pavor mortal dela. Mas, se não é inglesa, é o quê?

Nepomuck: Húngara.

Todos: Húngara!?!

Nepomuck: Húngara. E de sangue real. Eu sou húngaro. Tenho sangue real.

Higgins: Você falou húngaro com ela?

Nepomuck: Claro. E ela foi extremamente hábil. Não se deixou surpreender. Disse: "Por favor, fale comigo em inglês; não sei uma palavra de francês". Francês! Pretendeu não saber sequer a diferença entre húngaro e francês. E sabe as duas línguas.

Higgins: E o sangue real; como é que você descobriu?

Nepomuck: Instinto, maestro, instinto. Só a raça magiar produz esse ar inefável de direito divino, esses olhos resolutos de pessoas nascidas para comandar. Ela é uma princesa.

Embaixador: Que é que o senhor diz, professor?

Higgins: Pra mim é uma moça londrina de origem a mais ordinária possível, que aprendeu a falar com um técnico em linguística. Ela é de Drury Lane. Como sabem, um subúrbio infecto.

Nepomuck: Ah! Ah! Ah! Maestro, maestro! O seu entusiasmo pelo dialeto *cóquinei* acabou lhe subindo à cabeça. O senhor está completamente louco. Só pensa no submundo, na sarjeta.

Higgins: *(Para a embaixatriz.)* Que diz V. Excelência?

Embaixatriz: Concordo com Nepomuck, claro. Deve ser pelo menos uma princesa.

Embaixador: Não necessariamente legítima, claro. Morganática, talvez. Mas vê-se que tem sangue.

Higgins: Mantenho a minha opinião.

Embaixatriz: Oh, o senhor é incorrigível. *(O grupo se desfaz, deixando Higgins isolado; Pickering se aproxima.)*

Pickering: Onde está Eliza? Não podemos perdê-la de vista. *(Eliza se junta a eles.)*

Liza: Não aguento mais. Todo mundo me olha, como um bicho. Uma velha ali acabou de me dizer que eu falo igualzinho à rainha Vitória. Perdoe se perdi a sua aposta. Fiz o melhor que podia; mas jamais vou conseguir ser igual a essa gente.

Pickering: Você não perdeu aposta alguma, querida. Ganhou dez vezes.

Higgins: Vamos dar o fora daqui. Já esgotei minha quota para esses idiotas.

Pickering: Eliza está cansada; eu, com fome. Vamos nos escafeder e tomar uma ceia num lugar bem calmo.

ATO IV

O laboratório da rua Wimpole. Meia-noite. Ninguém na sala. O relógio da lareira dá meia-noite. O fogo está apagado: é verão. Logo ouve-se Higgins e Pickering, que sobem as escadas.

HIGGINS: *(Gritando pra baixo.)* Fecha à chave, Pick, por favor; eu não vou sair mais.

PICKERING: Pois não. Madame Pearce pode se recolher? Não vamos precisar de mais nada, vamos?

HIGGINS: Oh, Meu Deus, claro que não!

(Eliza abre a porta e surge no patamar, iluminada. Ainda vestindo o elegante vestido com que ganhou a aposta para Higgins. Aproxima-se da lareira e acende as luzes. Está cansada; seu rosto pálido contrasta fortemente com seus olhos e cabelos pretos. Sua expressão é quase trágica. Tira o casaco. Coloca as luvas e o leque no piano, senta-se no banco, silenciosa. Higgins, em traje de rigor, sobretudo e chapéu, entra, carregando no braço um smoking jacket *que apanhou ao subir. Tira o chapéu e o sobretudo. Atira-os descuidadamente em cima do porta-jornais. Faz o mesmo com o paletó. Veste o* smoking jacket. *E se atira, bem à vontade, na cadeira de balanço da lareira. Pickering, vestido como ele, entra. Também tira chapéu e sobretudo e vai colocá-los em algum lugar, mas hesita.)*

PICKERING: Acho que madame Pearce vai ficar furiosa se deixarmos estas coisas aqui na sala.

Higgins: Deixa pendurado lá fora, no corrimão da escada. Ela vê logo que acordar, de manhã cedo, e recolhe tudo. Vai pensar que estávamos bêbados.

Pickering: E não estamos? Chegou alguma correspondência?

Higgins: Não vi. *(Pickering pega as roupas todas e desce. Higgins fica meio cantando, meio bocejando, uma ária da* La Fanciulla del Golden West. *De repente para e exclama:)* Que diabo, onde é que enfiei minhas sandálias? *(Eliza olha pra ele, carrancuda, e sai da sala. Higgins boceja de novo e volta a cantar. Pickering entra com a correspondência na mão.)*

Pickering: Só umas circulares e esta carta com timbre da Coroa. *(Dá a carta a Higgins, atira as circulares na guarda da lareira e se senta no tapete, junto à mesa, de costas para a grade.)*

Higgins: *(Olhando a carta.)* Pedido de empréstimo. *(Joga a carta junto às circulares. Eliza volta, trazendo um par de chinelos. Coloca-os no tapete junto a Higgins e senta-se onde estava antes, sem uma palavra.)*

Higgins: *(Bocejando de novo.)* Oh, Deus, que noite! Que reunião! Que gente! Quanta pose ridícula! *(Levanta o sapato pra desfazer o laço, vê os chinelos. Para de desfazer o laço e olha pros chinelos como se tivessem aparecido ali como num passe de mágica.)* Ué, estavam aí e eu não vi?

Pickering: *(Se espreguiçando.)* Estou quebrado. Foi um longo dia. Um *garden-party*, um jantar, uma recepção e ainda a ceia. Excesso de coisas boas. Mas você ganhou a aposta, Higgins. Eliza fez exatamente o que você disse e alguma coisa mais, de quebra.

HIGGINS: *(Fervoroso.)* Graças a Deus, acabou! *(Eliza vira-se com violência. Mas eles não prestam atenção nela, ela se recompõe, volta à sua atitude de estátua de pedra.)*

PICKERING: Você ficou nervoso na recepção? Eu fiquei. Eliza nem parecia que era com ela.

HIGGINS: É, ela não estava nada nervosa. Não tinha por que – eu sabia que tudo ia sair bem. Mas o esforço do trabalho durante esse tempo todo me deixou completamente extenuado. A princípio foi muito interessante; enquanto estávamos na parte fonética. Depois disso, eu me aborreci demais. Se não tivesse tomado o compromisso de levar a coisa até o fim, juro que teria largado o projeto há dois ou três meses. Não é que tenha sido especialmente difícil, mas foi muito tedioso.

PICKERING: Ah, que é isso? A recepção, pelo menos, foi emocionante. Precisava ver como o meu coração batia.

HIGGINS: O meu também, é claro. Quer dizer, apenas um minuto. Logo que percebi que íamos ganhar sem o menor esforço, me senti como um urso numa jaula, admirado sem fazer nada. O jantar foi ainda pior; ficar sentado ali uma hora e meia engolindo comidas medíocres ladeado por um completo idiota e por uma velhota metida a graciosa é uma provação que não desejo a meu pior inimigo! Meu caro Pickering, pra mim chega. Esgotei minha cota. Basta de falsas duquesas. Estive no purgatório e voltei. Não pretendo repetir a façanha.

Pickering: De qualquer maneira você nunca foi mesmo muito entusiasmado com a rotina da vida social. *(Andando até o piano.)* Já eu, gosto de vez em quando; me faz sentir moço outra vez. O que importa é que foi um grande sucesso: um imenso sucesso. Uma ou duas vezes cheguei a ficar apavorado pelo próprio fato de Eliza estar se comportando com tal perfeição. A verdade é que a maioria das pessoas bem-nascidas são incapazes do comportamento que ela teve: são tão idiotas que pensam que o estilo vem do berço e, por isso, nunca aprendem coisa nenhuma. É preciso ser profissional pra fazer qualquer coisa extraordinariamente bem.

Higgins: Exato, e isso é que me deixa maluco. Esses idiotas não sabem sequer interpretar o seu papel de idiotas. *(Levantando-se.)* Bom, dito e feito – acabou. Agora, depois de tanto tempo, posso ir pra cama descansar, sem pensar no dia de amanhã. *(Toda a expressão de Eliza vai se tornando assassina.)*

Pickering: Vou-me recolher também. De qualquer forma, mais uma vez, meus parabéns; foi um triunfo para você. Boa noite. *(Sai.)*

Higgins: *(Segue-o.)* Boa noite. *(Por cima do ombro, já na porta.)* Apaga as luzes, Eliza. E diz a madame Pearce para não me servir café de manhã: vou tomar chá. *(Sai. Eliza procura se controlar e manter sua atitude de indiferença. Levanta-se e vai até a lareira pra apagar as luzes. Quando chega lá está a ponto de gritar. Senta-se na cadeira de Higgins e segura nos braços dela, como quem vai quebrá-los. Finalmente não aguenta e se atira no chão, furiosa, rugindo.)*

Higgins: *(Com raiva desesperada, do lado de fora.)*

Que desgraça, onde é que enfiei meus chinelos? *(Aparece na porta.)*

LIZA: *(Apanhando os chinelos e atirando-os sobre ele, um atrás do outro, com toda a fúria.)* Toma os teus chinelos. Um! Outro! Calça eles, e que lhe entortem os pés, nunca mais lhe deem um dia de alegria.

HIGGINS: *(Perplexo.)* Mas, que demônio...? *(Se aproxima dela.)* O que foi que houve? Levanta. *(Puxa-a.)* Alguma coisa errada?

LIZA: *(Sem fôlego.)* Nada. Com você nada! Ganhei a aposta pra você, não ganhei? Isso lhe basta, isso o satisfaz, não é mesmo? Eu não tenho a menor importância, acho.

HIGGINS: Você ganhou a minha aposta? Você!?! Inseto presunçoso! Eu ganhei! Que audácia foi essa de atirar os chinelos em minha cara?

LIZA: Fiz isso só porque não posso arrebentar a sua cara. O que eu queria era matá-lo, monstro, egoísta! Por que não me deixou lá mesmo onde me conheceu, na sarjeta? Agradece a Deus que tudo tenha terminado, porque agora pode me jogar lá, de novo, e voltar à sua vidinha de professor, não é isso? *(Torce as mãos.)*

HIGGINS: *(Olhando-a com fria admiração.)* A mocinha está nervosa. É natural. O cansaço. *(Liza dá um grito de fúria sufocada até agora e instintivamente mete-lhe as unhas na cara. Higgins segura-lhe os pulsos.)* Hei, o que é que é isso? Está falando sério? Vê onde mete as patas, sua gata! Como ousa me atacar desta maneira? Fica aí e não se mexa. *(Atira-a com violência na cadeira de balanço.)*

Liza: *(Esmagada por peso e força superiores.)* O que é que vai ser de mim? O que é que vai ser de mim?

Higgins: Com mil diabos, como é que eu posso saber o que vai ser de você? Que interessa o que vai ser de você?

Liza: Você não liga. Eu sei que isso realmente não lhe interessa. Não se importaria nem de me ver morta. Eu não sou nada pra você – sou menos do que os seus chinelos.

Higgins: *(Lembrando e berrando.)* Os chinelos!

Liza: *(Com amarga submissão.)* Que interessa os chinelos, agora? *(Pausa, Eliza sem esperança e esmagada. Higgins pouco à vontade.)*

Higgins: *(Do modo mais altivo.)* Por que você está se comportando desse modo? Posso lhe perguntar se, de qualquer forma, foi maltratada nesta casa?

Liza: Não.

Higgins: Alguém se comportou de forma errada com você, ofendeu-a, por acaso? O coronel Pickering? Madame Pearce? Algum criado?

Liza: Não.

Higgins: Presumo que você não esteja insinuando que eu a tratei mal.

Liza: Não.

Higgins: Fico contente em ouvir isso. *(Modera o tom.)* Deve estar esgotada pelo esforço de hoje. Quer uma taça de champanhe? *(Dirige-se à porta.)*

Liza: Não. *(Reassumindo suas boas maneiras.)* Muito obrigado.

Higgins: *(De bom humor de novo.)* Isso não foi súbito. Vem crescendo em você nos últimos dias. Acho natural uma certa ânsia antes da recepção de hoje. Mas, agora, tudo passou. *(Bate bondosamente no ombro dela. Ela evita o gesto.)* Não há mais nada com que se preocupar.

Liza: É. Não há mais nada com que você se preocupar. *(Ela se levanta subitamente, vai ao piano, senta-se, escondendo o rosto nas mãos.)* Oh, meu Deus! Eu queria estar morta!

Higgins: *(Fixando-a com sincera surpresa.)* Por quê? Em nome do céu, por quê? *(Razoável, se aproximando dela.)* Ouve, Eliza. Toda essa tua irritação é puramente subjetiva.

Liza: Não compreendo essas palavras. Sou muito ignorante.

Higgins: Quero dizer: tudo é imaginação. Você está deprimida, cansada – é só. Ninguém vai maltratar você. Não há nada errado. Vai, vai pra cama, dorme como uma boa menina que você é. Quando acordar, puff, passou tudo. Chora um pouco, se quiser, reza um pouco: vai se sentir muito melhor.

Liza: Rezar como? A sua oração? "Graças a Deus, acabou tudo"?

Higgins: *(Impaciente.)* É, pode ser isso. Você não dá graças a Deus porque tudo acabou? Agora está livre e pode fazer o que bem entender.

Liza: *(Se retesando, em desespero.)* O quê? Pra que é que eu estou preparada? Pra que é que você me preparou? Pra onde é que eu vou? O que é que eu vou fazer? O que é que vai ser de mim?

HIGGINS: *(Esclarecido mas não impressionado.)* Ah, é isso que está preocupando você? *(Enfia a mão no bolso e anda, como de costume, fazendo tilintar o conteúdo dos bolsos, como que condescendendo em falar de um assunto trivial por pura bondade).* Se eu fosse você, nem pensaria nisso. Não me parece que vá ter a menor dificuldade em se colocar em algum lugar, embora nem tivesse me passado pela cabeça que você pretendia ir embora. *(Ela o olha rapidamente; ele não olha pra ela. Examina a bandeja de doces em cima do piano e decide comer uma maçã.)* Você precisa casar, você sabe. *(Morde um bocadão da maçã e mastiga, barulhento.)* Olha, Eliza, nem todos os homens são solteirões convictos como eu e o coronel Pickering. Quase todos os homens – pobres idiotas – gostam de casar. Você não tem mau aspecto – algumas vezes é até muito agradável –, não agora, naturalmente, porque chorou como um carneiro e está feia como a peste; mas, quando está bem comportada, arrumadinha, até que é atraente. Quero dizer, pro pessoal *(irônico)* casadoiro. Agora, pra cama e procura dormir; quando acordar de manhã, olhe-se no espelho; vai se sentir muito melhor. *(Eliza olha pra ele novamente, sem fala. Não se move. O olhar dela se perde – ele não vê. Higgins come a maçã com uma sonolenta expressão de felicidade, com o prazer com que Adão deve ter comido a sua, no Paraíso. Um pensamento final lhe ocorre.)* Tenho certeza de que minha mãe é capaz de arranjar um sujeito que se adapte a você.

LIZA: Nós estamos bem acima disso em Drury Lane.

HIGGINS: *(Despertando.)* O que é que você está dizendo?

Liza: Eu vendia flores. Não me vendia. Agora que você me transformou numa senhora de sociedade, estou preparada apenas pra vender a mim mesma. Gostaria que me deixasse onde me encontrou.

Higgins: *(Atirando o talo da maçã dentro da lareira, com toda força.)* Bobagem, Eliza. Não insulte e distorça as relações humanas metendo nela essa demagogia barata de compra e venda. Você não é obrigada a casar com o indivíduo, se ele não lhe interessar.

Liza: Que outra coisa eu posso fazer?

Higgins: Muitas coisas. A sua ideia de uma loja de flores, esqueceu? Pickering teria o maior prazer em financiar; tem toneladas de dinheiro. *(Rindo.)* Quer dizer, tem menos do que tinha depois de pagar toda essa tralha que você usou hoje. Tudo isso *(aponta)*, e ainda o aluguel das joias, vão lhe dar um rombo de mais de duzentas libras. Bom, vê só: seis meses atrás você considerava o verdadeiro paraíso a simples hipótese de ter uma banca de flores. Vamos, vamos! Tudo vai dar certo. Deixe-me dormir um pouco, agora; estou caindo. Por falar nisso, vim aqui apanhar não sei o quê – me esqueci.

Liza: Os chinelos.

Higgins: Ah, sim, é mesmo. Você atirou eles... *(Procura com o olhar, encontra, apanha os chinelos e já vai saindo quando ela fala.)*

Liza: Antes de sair, *milord*.

Higgins: *(Deixando cair as chinelas de falsa surpresa, diante do título.)* Que é?

Liza: Minhas roupas são minhas ou do coronel Pickering?

Higgins: *(Voltando à sala como se a pergunta dela fosse a suprema demonstração de demência.)* Que diabo Pickering ia fazer com as tuas roupas?

Liza: Podia querer guardá-las pra usar na próxima moça, na próxima experiência.

Higgins: *(Ferido.)* É assim que você se sente a nosso respeito? É essa a tua opinião?

Liza: Não quero mais falar nesse assunto. Desejo saber apenas o que é que me pertence. Minhas roupas velhas foram queimadas, como sabe.

Higgins: O que é que interessa isso? Vai ficar se preocupando com essas bobagens agora, no meio da noite?

Liza: Preciso saber o que é que eu posso levar. Não quero ser chamada de ladra.

Higgins: *(Agora atingido em profundidade.)* Ladra!? Você não devia ter dito isso, Eliza. Demonstra uma absoluta falta de sensibilidade.

Liza: Lamento muito. Sou uma mulher comum, ignorante; na minha posição, todo cuidado é pouco. Não pode haver sentimentos entre a sua espécie e a minha espécie. Quer fazer o favor de dizer o que me pertence e o que não me pertence?

Higgins: *(Furioso.)* Pode levar essa desgraça toda, com todos os demônios. Leve a casa inteira se quiser. Exceto as joias. São alugadas. Está satisfeita? *(Se vira e vai sair, indignadíssimo.)*

Liza: *(Bebendo a irritação dele como se fosse néctar e provocando-o ainda mais, pra sorver mais uma dose.)* Um minuto, por favor. *(Tira as joias.)* Quer guardar isso no seu quarto? Estão mais seguras. Não quero correr o risco de sumirem.

HIGGINS: *(Furioso.)* Me dá. *(Ela põe as joias na mão dele.)* Se isso fosse meu e não do joalheiro, eu enfiaria pela sua garganta abaixo. *(Enfia tudo desajeitadamente no bolso, deixando algumas pontas de fora, brilhando.)*

LIZA: *(Pegando um anel.)* Este anel não é do joalheiro. Você o comprou pra mim, em Brighton. Não preciso mais. *(Higgins atira o anel violentamente na lareira e se vira pra ela tão assustado que Eliza se encolhe sobre o piano, protegendo o rosto com as mãos.)* Não me bate!

HIGGINS: Bater em você!?! Criatura infame, como se atreve a me acusar de semelhante coisa? Foi você quem me bateu! Quem me agrediu! Feriu profundamente o meu coração!

LIZA: *(Tensa de escondida emoção.)* Estou contente. Apenas devolvi um pouco do que você me deu.

HIGGINS: *(Com dignidade, no seu melhor estilo profissional.)* Você me fez perder o controle: uma coisa que nunca me aconteceu em toda a minha vida. Prefiro não falar mais nada esta noite. Vou pra cama.

LIZA: *(Esperta.)* Acho melhor deixar uma nota pra madame Pearce, com respeito ao café; não vou poder dar o recado.

HIGGINS: *(Formal.)* Dane-se madame Pearce; dane-se o café: e dane-se você; e *(violento)* dane-se eu mesmo com a minha estupidez, gastando uma ciência adquirida com tanto esforço e o tesouro da minha atenção e da minha intimidade com uma vagabunda sem coração.

(Sai com impressionante dignidade prejudicada apenas porque bate a porta com violência. Eliza se ajoelha no tapete procurando o anel. Quando o encontra pensa por um instante o que vai fazer com ele. Logo o enfia na bandeja de doces e sobe as escadas, furiosa da vida.)

• • •

(A mobília do quarto de Eliza foi enriquecida por um grande guarda-roupa e uma suntuosa penteadeira. Ela entra e acende a luz. Vai ao guarda-roupa. Abre-o. Tira um vestido, um chapéu, um par de sapatos, joga tudo na cama. Despe o vestido e descalça os sapatos. Tira um cabide encapado de dentro do guarda-roupa, arruma o vestido cuidadosamente. Pendura-o no armário e bate a porta com força. Calça os sapatos que tirou do armário, veste o vestido, põe o chapéu. Pega o relógio de pulso em cima da penteadeira, coloca-o no pulso. Põe as luvas, pega uma pequena bolsa, olha dentro dela, verificando que está lá a bolsinha de moedas, pendura a bolsinha no pulso. Dirige-se para a porta. Cada movimento exprime uma resolução definitiva. Subitamente põe a língua pra fora, pra si mesma. E sai do quarto, depois de apagar a luz.

Enquanto isso, na rua, Freddy Eynsford Hill, em vigília amorosa, olha fixo e ansioso pro segundo andar, no qual uma janela ainda está iluminada. As luzes se apagam.)

FREDDY: Boa noite, meu amor, meu amor, meu amor. *(Eliza sai dando uma violenta batida na porta, ao fechá-la.)*

LIZA: O que é que você está fazendo aqui?

Freddy: Naaaada. Eu passo quase todas as minhas noites aqui. É o único lugar da cidade em que me sinto feliz. Não ria de mim, senhorita Doolittle.

Liza: Não me chame assim, está ouvindo? Liza, e basta. *(Se desarma e segura Freddy pelos ombros.)* Freddy, me diz; você não acha que eu sou uma vagabunda de sarjeta, acha?

Freddy: Ah, não, não, não – de maneira alguma! Que absurdo! Como é que você pode imaginar uma coisa dessas? Você é a mais encantadora, a mais querida de todas as... *(Ele perde totalmente o controle e cobre-a de beijos. Ela, faminta de afeto, corresponde. Os dois ficam ali, assim, um nos braços do outro. Um velho policial se aproxima.)*

Polícia: *(Escandalizado.)* Ei, hei, hei! Que negócio é esse? *(Os dois se separam rapidamente.)*

Freddy: Desculpe, seu guarda. É que acabamos de ficar noivos. *(Saem correndo. O policia abana a cabeça, pensando no seu tempo de namoro e na fragilidade das esperanças humanas. Caminha na direção oposta, nos seus lentos passos de ronda profissional. Os namorados chegam correndo à praça Cavendish. Param aí, considerando pra onde é que vão.)*

Liza: *(Sem fôlego.)* Ele me deu um bruto susto. Mas você teve muita presença de espírito.

Freddy: Espero não ter desviado muito você do seu caminho. Pra onde é que ia?

Liza: Pro rio.

Freddy: Fazer o quê?

Liza: Um buraco.

Freddy: *(Horrorizado.)* Eliza, meu amor, o que é que você tem? Que foi que aconteceu?

Liza: Não liga. Não tem mais nenhuma importância, agora. Agora só existimos nós dois no mundo, você e eu, não é mesmo?

Freddy: Um deserto. *(De novo se abraçam e beijam, de novo são surpreendidos por um polícia, desta vez mais jovem.)*

Polícia: Como é que é, vocês dois aí? Onde pensam que estão? Rápido, rápido, vamos circular!

Freddy: Sim, senhor, seu guarda, já não estamos aqui. *(Correm de novo e, na praça Hanover, param pra nova decisão.)*

Freddy: Eu não sabia que a polícia era tão puritana.

Liza: A função principal da polícia é evitar que as pessoas se amem no meio da rua.

Freddy: Temos que ir pra algum lugar. Não podemos ficar perambulando pelas ruas a noite toda.

Liza: Por que não? Talvez seja uma nova forma de vida, mais feliz. Perambular.

Freddy: Oh, querida. *(Beijam-se e abraçam-se de novo sem perceber a chegada de um táxi.)*

Chofér: Posso levar o senhor e a senhora a alguma parte? *(Eles se assustam.)*

Liza: Oh, Freddy, um táxi. Caiu do céu.

Freddy: Que diabo, não tenho um níquel!

Liza: Eu estou cheia de dinheiro. O coronel acha que nunca se deve sair de casa com menos de dez libras no bolso. Olha. Vamos rodar pela cidade a noite inteira.

De manhã cedo vou visitar a sra. Higgins e perguntar a ela o que devo fazer. Te conto tudo no táxi. Aí dentro a polícia não vai nos incomodar.

FREDDY: Ótimo! Piramidal. *(Ao chofer.)* Pra onde quiser! *(O táxi anda.)*

ATO V

Sala de visitas da senhora Higgins. Ela está na escrivaninha, como antes. A criada entra.

Criada: *(Junto à porta.)* O proufessô Henry, mardama. Instá ai dibaxo, cum o couronel Pickering.

Sra. Higgins: Ué! Manda que eles subam.

Criada: Intão nu tilefone, mardama. Tilefonando pra poliça, pulo qui ovi.

Sra. Higgins: O quê?

Criada: *(Se aproximando mais e baixando a voz.)* O proufessô instá trastolnado, mardama. Achei mais milhor lhe arvisar. Êli instá uma fera.

Sra. Higgins: Se você viesse me dizer que o professor estava calmo aí, sim, eu ficaria apreensiva. Diga que subam assim que resolverem o caso com a polícia. Ele deve ter perdido alguma coisa.

Criada: Sim sinhora, mardama. *(Vai saindo.)*

Sra. Higgins: Depois vai lá em cima e avisa à senhorita Doolittle que as duas feras estão aqui. Pra ela só descer quando eu avisar.

Criada: Sim sinhora. *(Higgins explode dentro da sala. Está, como disse a criada, transtornado.)*

Higgins: Olha aqui, mamãe; uma coisa inacreditável!

Sra. Higgins: Ah, é? Bom dia, meu filho. *(Ele controla* *a impaciência e a beija enquanto a criada se retira.)* Que foi?

HIGGINS: Eliza fugiu!

SRA. HIGGINS: *(Calma, sem deixar de escrever.)* Deve ter ficado apavorada com você.

HIGGINS: Eu apavorei ela? Eu? Bobagem! Deixei-a a noite passada, como sempre recomendando que apagasse as luzes e até dei boa noite. Pois, em vez de ir pra cama, ela trocou de roupa e desapareceu; a cama nem estava mexida. Hoje de manhã, antes das sete, voltou com um táxi pra apanhar as suas coisas; e aquela idiota da madame Pearce entregou tudo sem nem me dizer nada. O que é que eu devo fazer?

SRA. HIGGINS: Se acostumar a viver sem ela, acho. A moça tem direito de ir pra onde quiser; não é sua escrava.

HIGGINS: *(Caminhando sem rumo pela sala.)* Mas eu não encontro mais nada. Não sei nem mais meus compromissos. Ela me deixou sem... *(Pickering entra. A senhora Higgins larga a caneta e se vira de costas pra escrivaninha.)*

PICKERING: *(Aperta-lhe a mão.)* Bom dia, senhora Higgins. Henry já lhe contou? *(Senta-se na otomona.)*

HIGGINS: O que é que disse a beata desse delegado? Você ofereceu um prêmio a quem a encontrar?

SRA. HIGGINS: *(Levantando-se com indignado espanto.)* Não vai me dizer que você colocou a polícia atrás de Eliza?!?

HIGGINS: Claro! Pra que é que serva a polícia? Tínhamos alguma outra coisa a fazer? *(Senta-se na cadeira elisabetana.)*

Pickering: O delegado colocou uma porção de dificuldades. Acho que ele suspeita de nossas intenções com a moça.

Sra. Higgins: Claro que tem que suspeitar. Que direito vocês têm de ir à polícia e dar o nome da moça como se ela fosse uma ladra, ou um guarda-chuva esquecido, ou sei lá o quê? Sinceramente! *(Senta-se de novo, profundamente envergonhada.)*

Higgins: Mas nós precisamos encontrá-la.

Pickering: Não podemos deixá-la ir assim, sem mais aquela, senhora Higgins. O que é que íamos fazer?

Sra. Higgins: Vocês têm menos juízo, os dois juntos, do que um recém-nascido. Eu só queria... *(A criada interrompe.)*

Criada: Proufessô, tem um carvalhero aí quereno farlá cum u sinhô munto in palticulá. Diz qui é alguém da rua Wimpôl.

Higgins: Nããão! Agora não! Não posso ver ninguém. Disse o nome, pelo menos?

Criada: É um sinhô Doolittle, proufessô.

Pickering: Doolittle? Você falou em cavalheiro! É um lixeiro?!

Criada: Lixôro! Num sinhô, bissolutamente. É um carvalhero munto bbem vestido.

Higgins: *(De pé, excitadíssimo.)* Pelas chagas do demônio, Pick, deve ser algum parente que ela procurou.

Pickering: Ela nunca falou de nenhum parente.

Higgins: *(À criada.)* Manda subir, manda subir!

Criada: Sim sinhô. *(Sai.)*

HIGGINS: *(Impaciente, se aproximando da mãe.)* Parentes elegantes, sim senhora! Essa moça é uma caixa de surpresas. Vamos ver. *(Senta-se na cadeira chipandale.)*

SRA. HIGGINS: Você conhece algum parente dela?

PICKERING: Só o pai – já lhe falamos dele.

A CRIADA: *(Anuncia.)* U sinhô Doolittle. *(Sai. Entra Doolittle magnificamente vestido com roupa de casamento. Poderia ser até o próprio noivo. Tem uma flor na lapela e usa um chapéu brilhantíssimo, de seda. Sapatos de couro brilhante completam o quadro espantoso. O homem está profundamente preocupado com o assunto de que veio tratar, de modo que nem percebe a senhora Higgins. Vai direto a Higgins e ataca-o com uma censura veemente.)*

DOOLITTLE: Oilha aqui! Vê bem. Viu bem? O sinhô é u curpado diusso.

HIGGINS: Culpado de que, homem?

DOOLITTLE: Diusso, tô lhi dizeno. Oilha bem. U chapeu. U casacu. U tudo.

PICKERING: Eliza andou lhe comprando essas roupas?

DOOLITTLE: Eliza? Mais pruque? Pruque ela ia mi comprá arguma coisa?

SRA. HIGGINS: Bom dia, senhor Doolittle. Não quer se sentar?

DOOLITTLE: *(Envergonhado por não ter percebido a dona da casa.)* Oh, discurpa, mardama, lhi perço peldão. *(Aproxima-se dela e aperta a mão que ela estendeu.)* Orbrigado. *(Senta-se na otomana, à direita de Pickering.)* Tô tom priorcupado cum u qui mi cunteceu qui nim pousso pensá notra coisa.

HIGGINS: Mas que diabo aconteceu com você?

DOOLITTLE: Eu nim ligava si era só cumigo: quarqué coisa pode arcontecê cum quarqué um e a gente só tem qui curpá é a Pruvidença Divina, cumo êlis diz. Mais irsso é uma coisa qui u sinhô feiz direto cumigo; feiz meismo, u sinhô, proufessô Inriqui Iguins.

HIGGINS: O senhor achou Eliza?

DOOLITTLE: U sinhô perdeu ela?

HIGGINS: Foi.

DOOLITTLE: U sinhô tem touda sorti deu num não archá ela; mais ela vai mincontrá dipressa aodispois du qui u sinhô mi feiz.

SRA. HIGGINS: Mas o que foi que meu filho lhe fez, afinal, senhor Doolittle?

DOOLITTLE: Ué, oilha, mardama! A sinhora aicha poco? Mi arruinou-mi. Dinstruiu minha firlicidade. Armarrou minhas mões e mi intregô ansim, sim pudê farzê nada, mas mão da mouralidade da crasse mérdia.

HIGGINS: *(Erguendo-se intolerantemente e ficando perto de Doolittle.)* Você está delirando! Está bêbado! Eu lhe dei cinco libras. Depois disso conversei com você apenas duas vezes e lhe paguei meia coroa de cada vez. Foi só. Nunca mais vi você.

DOOLITTLE: Oh, é? Tô bêbo, é? Dizimparafusado? Inton mi diz: u sinhô inscreveu ô num inscreveu uma calta *(carta)* prum veilho armericano lurnático qui quiria dá cinco milhão di libra pra afundá uma surciedade mundiar di refolma *(reforma)* moural? I essi veilho pidiu ô num pidiu pru sinhô inventá uma lingua urniversal pra eli?

HIGGINS: O que? Está falando de Ezra John Wannafeller! Já morreu. *(Torna a sentar-se, descuidado.)*

DOOLITTLE: É, mourreu. Tá molto. I eu tô ruim-nado. Mais u sinhô inscreveu ô num inscreveu pra ele dizeno que u mou-ra-lis-ta mais riginal da Ingraterra, u melhor di todus era Alfredo Doolittle, um lixero vargabundo?

HIGGINS: É. Me lembro que, depois de sua visita, eu escrevi uma piada qualquer a esse respeito.

DOOLITTLE: Pois é. Pru sinhô pode sê uma piada bouba. Mas botô umcadiado ni mim. Foi a purtunidade qui êli insperava pra monstrá qui armericano num é ingrês. Qui armericano respeita u valô di quarqué cindadão pur mais humirde. I aí, né, Inriqui Iguins, dervido à sua piada bouba êli colocô meu nomi nu trestamento dele, mi deixando 32 pur centus da fábrica di Quejo Parmezon Pré-digerido com a única brirgação de eu farlá na sede da sorciedadi Wannafeller, di Refolma Moural Urniversal, tres o quatro vez pur ano.

HIGGINS: Que o diabo o enterre a ele e a você! Cáspite! *(Iluminando-se, de repente.)* Que pândego!

DOOLITTLE: Num é as cunferença qui mi preoucupa, u sinhô beim sabi. Cheigo lá, digo umas boas bem na fuça dêlis i nim ti ligo. O qui mi impolta é qui tom quereno farzê di mim um carvalhero. Eu tava finliz, beim livre. Quano tava percisado chergava pelto du premero e archarcava uns distrocados. Cumu fiz cum vorcê Inriqui Iguins. Angora sô otro, vivo preoculpado: pescouço cum laço, sarpato apretado. I num sô eu mais qui archaca os otro – son os otro qui vem mi archacá. "Você angora é impoltanti", diz meu adevogado. "Irso é munto bão pra você." "É?" Eu mi faço di bêsta. "U qui u sinhô qué dirzê é qui isso é munto bão pru sinhô!" Quano eu era poubri um dia armassei um carrinho di criança cum meu carro di lixu, veio um adevogado feito u sinhô qui quano mi viu tudo ansim mingingo, esmulambento, nem não quis farlá cumigo e si foi simbora. Us médicu tamém quano eu ia mi trartá nu huspital quasqui nim mi oilhava, mi botava pra fora na meisma hora sim pargá nim um niquer. Angora archam qui tô cheio di duença, tô quase mouribundo e vô morrê logo si elis num mi vrisitá duas vez pur dia. In casa tamém num mi dexam mais farzê nada – anté copo dagua mi dom *(dão)*. I cobram, craro! Anté nu anu passado eu num tinha nim um parenti nu mundu ixcetu treis qui num falavo cumigo. Angora tenhu mais de cens, e us cens junto num guanha u qui eu guanhava trabalhano di lixero. Tenho di vivê prus otro i num pra mim: mouralidade da crasse mérdia. Vorcê farla di perdê Eliza. Nim percisa si preorcupá – arposto qui ela tá deitada nus degrau da minha polta insperano eu chergá. Ela guanhava tom bém a vida dela vendeno frores! Angora num pode mais – num é respeitáver. I u úrtimo qui vai mi archacá vai sê você, Inriqui Iguins. Vor tê qui aprendê cum vorcê a farlá ingrês da crasse mérdia. Num vô pordê mais farlá ingrês dereito. Aí stá onde nós tamo; i pra mim vorcê é o úlnico curpado.

SRA. HIGGINS: Mas, meu caro senhor Doolittle, o senhor não precisa sofrer tudo isso, se é que está falando realmente sério. Ninguém pode obrigá-lo a aceitar essa doação. Pode repudiar o testamento. Não basta isso, coronel Pickering?

Pickering: Claro.

Doolittle: *(Baixando a voz em respeito ao sexo.)* Aí é qui tá a disgraça, mardama. É farcílimo dirzê – ripurdia! Quim é qui tem carage? A sinhora? Nois tamo tudo arcovardados. Arcovardados, madama – num tem otra parlavra. Eu ripurdio tudo i mais uns anus aí tô veilho meismo, só mi resta o arzilo, ô a casa di courreção. Angora já tenho di tingi us cabelu pra trarbalhá di lixero, tô na pratilera di cima da disgraçada crasse mérdia. Discurpe a inspressão, madama, mais anté a sinhora usava si tinha a prorvocação. Arcovardado – instou. Ruinado. Comprado i vindido. Homis mais fimliz qui eu angora vão panhá meu lixu e rercebê minha prorpina. Eu sin fazê nada cumu un invalidu olhano prêles cum inveja. Isso tudo foi seu fio quim feiz cumigo. *(É tomado pela emoção.)*

Sra. Higgins: Bem, estou satisfeita que o senhor não pretenda fazer nenhuma tolice, senhor Doolittle. Pois seu dinheiro resolve também o futuro de Eliza. Agora o senhor tem condições de sustentá-la.

Doolittle: *(Com melancólica resignação.)* É, mardama, angora tenho di suistentar tudo o grobo temrrestre.

Higgins: *(Saltando.)* Bobagem, ele não pode sustentar Eliza. Não pode nem vai. Eliza não pertence a ele. Eu a comprei por cinco libras. Doolittle, você é um homem honesto ou é um patife?

Doolittle: Um poco di calda, Inriqui Iguins, cumu tudu mundo – um poquinho di calda.

Higgins: Pois bem; você recebeu o dinheiro pela moça. Não tem direito de ficar com ela.

Sra. Higgins: Henry, que absurdo! *(Pausa.)* Bom... se quer saber onde Eliza está, está lá em cima.

Higgins: *(Bestificado.)* Ela está lá em cima?!? Pois vou fazê-la descer nem que seja a... *(Avança rapidamente pra porta.)*

Sra. Higgins: *(Autoridade de mãe.)* Henry! *(Ele para. Ela se levanta e vai até ele.)* Senta aqui.

Higgins: Eu...

Sra. Higgins: Senta aí, meu filho; e escuta.

Higgins: Está bem, está bem, está bem. *(Atira-se largadão na otomana, com a cara virada pra janela.)* Mas acho que não custava nada a senhora ter dito isso meia hora atrás.

Sra. Higgins: Eliza veio me procurar hoje de manhã bem cedo. Veio me contar a maneira brutal com que vocês dois a trataram.

Higgins: *(Saltando de novo.)* O quê?

Pickering: *(Se levantando também.)* Minha cara senhora Higgins, essa moça andou inventando histórias. Em absoluto não a tratamos mal. Quase nem lhe dirigimos a palavra; e nos separamos sem que houvesse entre nós a menor hostilidade. *(Virando-se para Higgins.)* Higgins, por acaso você a maltratou, depois que eu fui deitar?

Higgins: Exatamente o contrário. Foi ela quem atirou os chinelos na minha cara. Portou-se da maneira mais odiosa. Sem que eu tivesse feito a menor provocação. Os chinelos bateram, bang!, bem na minha cara no exato momento em que entrei na sala – eu não tinha dito uma palavra. E vieram acompanhados de expressões que, sinceramente, não fui eu que lhe ensinei *(Olha para Doolittle.)*

PICKERING: Mas, por quê? Que mal fizemos a ela?

SRA. HIGGINS: Acho que sei muito bem o que vocês fizeram. A moça é, naturalmente, muito carinhosa; não é mesmo, senhor Doolittle?

DOOLITTLE: Couração di mantêga, mardama. Moli, moli – saiu u pai.

SRA. HIGGINS: Acredito. Ela se ligou profundamente a vocês dois. Trabalhou duro pra você, Henry. Não acho que você tenha a exata noção do esforço que representa, para uma moça da classe dela, o tipo de trabalho intelectual que você a obrigou a realizar. Bom, parece que, quando chegou o grande dia da prova, e ela realizou aquele feito notável sem a menor falha, vocês dois se sentaram no estúdio discutindo entusiasmados e não dirigiram nem uma palavra a ela – não é coronel? Falaram sozinhos, os dois, o quanto tinham lutado, o quanto tinham se esforçado e como estavam satisfeitos em ver terminado, afinal, todo aquele aborrecimento, aquela tarefa enfadonha. E você ainda se surpreende por receber um par de chinelos na cara! Eu teria atirado os ferros da lareira.

HIGGINS: Nós não dissemos nada; só que estávamos cansados e doidos pra ir pra cama. Não foi, Pick?

PICKERING: *(Erguendo os ombros.)* Exatamente.

SRA. HIGGINS: *(Irônica.)* Está certo disso?

PICKERING: Certíssimo. Foi só isso, senhora Higgins.

Sra. Higgins: Não lhe agradeceram, não a mimaram, não a admiraram, nem se lembraram de dizer a maravilha que tinha sido a sua atuação.

Higgins: *(Impaciente.)* Oh, mas isso estava implícito. Eliza estava cansada de saber disso. Discursos, é o que ela queria? Ah, não, senhora, isso não fizemos.

Pickering: *(Dor na consciência.)* É, talvez não a tenhamos tratado com a devida consideração. Está muito zangada?

Sra. Higgins: *(Voltando a seu lugar na mesinha de escrever.)* Bem, receio que não volte mais à rua Wimpole, especialmente agora que o senhor Doolittle tem condições de mantê-la na posição social em que vocês a enfiaram; mas me disse que não tem nada contra um encontro amigável com vocês. Está até disposta a esquecer tudo.

Higgins: *(Furioso.)* Não diz?!? Está mesmo? A cretina!

Sra. Higgins: Shhhh! Olha, Henry, se promete se portar direito, eu peço a ela pra descer. Se não está, vai embora. Já tomou meu tempo demais, esta manhã.

Higgins: Está bem. Muito bem. Cuidado, hein, Pick? Vamos usar o nosso melhor comportamento domingueiro para merecer o encontro com essa senhora que tiramos da lama. *(Enterra-se mal-humorado na cadeira elisabetana.)*

Doolittle: *(Censurando.)* Ora, ora, Inriqui Iguins. Um poco di coinscideração prus meu sintimento di crasse mérdia.

Sra. Higgins: Lembre-se de sua promessa, Henry. *(Aperta a campainha da escrivaninha.)* Senhor

Doolittle; quer ter a bondade de ir para a varanda um momentinho? Não quero que Eliza receba o choque de suas notícias antes de tratar com esses dois cavalheiros. O senhor se importa?

Doolittle: Cumu a sinhora quinzé, mardama. Quarqué coisa pra arjudá Inriqui a tirá ela das minhas costas. *(Desaparece pela janela. A criada aparece. Pickering senta-se onde estava Doolittle.)*

Sra. Higgins: Pede à senhorita Doolittle para descer, por favor.

A Criada: Sim sinhora. *(Sai.)*

Sra. Higgins: Mais uma vez, Henry; seja atencioso.

Higgins: Estou me comportando maravilhosamente.

Pickering: Ele faz o que pode, senhora Higgins. *(Pausa. Higgins atira a cabeça para trás. Estica as pernas. Começa a assobiar.)*

Sra. Higgins: Henry, meu querido, você não fica bonito nessa atitude de...

Higgins: *(Compondo-se.)* Eu não estou querendo ficar bonito, mãezinha.

Sra. Higgins: Está bem. Eu só queria fazer você falar.

Higgins: Por quê?

Sra. Higgins: Porque não se pode falar e assobiar ao mesmo tempo. *(Higgins grunhe. Outra pausa perturbadora.)*

Higgins: *(Saltando, sem paciência.)* Onde, diabos me carreguem, se meteu essa mulher? Vamos ter que esperar o dia inteiro? *(Eliza entra, solar, segura, dando uma* *impressionante demonstração de domínio de si mesma. Está perfeitamente à vontade. Traz uma pequena cesta de trabalhos caseiros. Está mesmo em casa. Pickering fica tão espantado que não consegue se levantar.)*

Liza: Como está o senhor, professor Higgins? Tem passado bem?

Higgins: *(Perturbado.)* Se eu tenho...? *(Não consegue dizer mais nada.)*

Liza: É claro que está bem; nunca esteve doente. Estou muito contente de revê-lo também, coronel Pickering. *(Pickering se levanta, atrapalhado. Aperto de mão.)* A manhã está muito fria, o senhor não acha? *(Ela se senta à esquerda dele. Ele senta ao lado dela.)*

Higgins: Não se atreva a fazer esse jogo comigo. Fui eu que te ensinei e não estou disposto a deixar você usá-lo contra mim. Levante-se e volte pra casa – não banque a idiota. *(Eliza pega uma agulha na cesta e começa a trançar, não tomando a menor notícia do rompante dele.)*

Sra. Higgins: Você colocou a questão de maneira realmente irrepreensível, Henry. Nenhuma mulher poderia resistir a um apelo desses.

Higgins: Quer me deixar sozinho com ela, mamãe? Quer deixar ela falar por si própria? Vamos só verificar se ela tem uma ideia, uma só, na cabeça, que não tenha sido posta aí por mim e se é capaz de pronunciar uma só palavra que não tenha sido eu a pôr na sua boca. Eu já lhe disse, criei esse monstro com folhas de couve podres do lixo de Drury Lane; e agora ela vem bancar a dama inatingível pra cima de mim.

Sra. Higgins: *(Calma.)* Tem toda razão, meu filho;

mas vai sentar um pouco, não vai? *(Higgins senta de novo, com ódio.)*

LIZA: *(Para Pickering, sem tomar conhecimento da presença de Higgins, e enquanto não para de bordar com as agulhas.)* O senhor também vai me largar de vez, agora que a experiência terminou, coronel Pickering?

PICKERING: Oh, que é isso? A senhorita não pode pensar nisso como uma experiência. Me choca um pouco, ouvir isso.

LIZA: Mas, como, coronel, eu sou apenas um monte de folhas de repolho...

HIGGINS: *(Impulsivamente.)* Senhorita, por favor!

LIZA: *(Continuando calmamente.)* Devo tanto ao senhor que ficaria muito infeliz se o senhor me abandonasse, me esquecesse.

PICKERING: Muita bondade sua dizer isso, senhorita.

LIZA: Não falo do senhor ter pago os meus vestidos, é claro. Sei que o senhor é assim com todo mundo, no que se refere a dinheiro; extremamente generoso. Falo da educação, dos modos. Foi realmente o senhor quem me ensinou boas maneiras; é fundamentalmente isso o que faz uma dama da sociedade, não é mesmo? O senhor vê, foi muito difícil pra mim aprender essas coisas com o exemplo do professor Higgins sempre diante dos meus olhos. Ele me educou pra ser exatamente igual a ele, sem controle nenhum, usando palavras de baixo calão à menor provocação. Eu nunca iria saber que as damas e os cavalheiros se comportam de outro modo se o senhor não estivesse presente.

HIGGINS: Muito bem!!!

Pickering: Ora, é o jeito dele, sabe. Não é pra ofender ninguém.

Liza: E também não queria ofender ninguém, quando era florista. Mas o meu jeito grosseiro de falar incomodava as pessoas bem-educadas. Consegui me dominar, me transformar – essa é a diferença que importa.

Pickering: Tem toda razão, mas não se esqueça de que foi ele quem ensinou você a falar. Eu não seria capaz.

Liza: *(Trivialmente.)* Claro; é a profissão dele. Vive disso.

Higgins: *(Entre dentes.)* Desgraçada!

Liza: *(Continuando.)* É exatamente como aprender as danças da moda: uma coisa exterior, superficial. Nada mais. O senhor sabe o que iniciou a minha verdadeira educação?

Pickering: O que foi?

Liza: *(Parando o trabalho por um momento.)* O senhor me chamar de senhorita na primeira vez em que fui à rua Wimpole. Foi aí que comecei a respeitar a mim mesma. *(Volta a bordar.)* E houve mais uma centena de coisas que o senhor nunca notou, porque eram demasiado naturais pro senhor. Coisas como levantar na hora certa, tirar o chapéu, abrir portas...

Pickering: Trivialidades...

Liza: Não; coisas que demonstravam que o senhor me achava mais importante do que uma criada de quarto – embora eu saiba que o senhor se comportaria da mesma forma diante de uma criada de quarto. O senhor nunca tirou as botas na sala de jantar quando eu estava lá.

Pickering: Não dê demasiada importância a essas coisas. Higgins é capaz de tirar as botas até no Palácio de Buckingham.

Liza: Eu sei. Não estou censurando ele. É sua maneira de ser, não é mesmo? Mas o senhor me obrigou a um comportamento melhor me tratando de modo melhor. Vê, coronel, além das coisas que qualquer pessoa pode aprender (a maneira correta de vestir e de falar, por exemplo), o que faz uma mulher ser uma verdadeira dama não é a maneira como ela se comporta, mas a maneira como os outros se comportam com ela. Pro professor Higgins eu serei sempre uma vendedora de flores, porque ele me trata como uma vendedora de flores. Mas eu tenho que ser uma dama pro senhor, porque o senhor me trata como uma dama.

Sra. Higgins: Não cerre os dentes, Henry.

Pickering: Bem, é realmente de uma gentileza extraordinária, senhorita.

Liza: Gostaria que me chamasse de Eliza, de agora em diante. Será que pode?

Pickering: Muito obrigado, Eliza. Claro. Já não é sem tempo.

Liza: E gostaria que o professor Higgins passasse a me tratar de senhorita.

Higgins: Antes de mais nada, eu quero que você se dane.

Sra. Higgins: Henry! Henry!

Pickering: *(Rindo.)* Por que você não responde à altura? Não é obrigada a aguentar essas ofensas. E faria muito bem a ele.

Liza: Não posso. Antes eu podia; mas agora já não sei mais como voltar pra trás. O senhor me disse, se lembra, que quando uma criança chega a um país estrangeiro, aprende logo a nova língua e esquece a língua nativa. Eu sou uma criança que chegou ao país da boa educação. Esqueci a linguagem com que nasci. Agora só sei falar esta. Acho que esse é o verdadeiro rompimento com a miséria de Drury Lane. Sair da rua Wimpole termina outro período.

Pickering: *(Alarmado.)* Oh! que é isso? Você vai voltar pra lá, não vai? Não vai perdoar Higgins?

Higgins: *(Levantando-se.)* Perdoar!?! Que é que você está dizendo, Pickering!? Com mil demônios, deixa ela ir embora. Deixe que ela aprenda a viver sem a nossa ajuda. Vai recair logo na sarjeta. Sem a minha ajuda ela estará lá de novo em três semanas. *(Doolittle aparece na janela central. Com um digno olhar de reprovação para Higgins ele se aproxima silenciosamente, vagarosamente, da filha, que, de costas pra janela, não o percebeu.)*

Pickering: É mesmo incorrigível, Eliza. Você pensa que há qualquer possibilidade do que ele diz?

Liza: Não, agora não. Nunca mais. Aprendi minha lição. Pra começar, nem com muito esforço conseguiria pronunciar os sons como pronunciava. *(Doolittle toca-a no ombro esquerdo. Ela deixa cair o trabalho, perdendo o controle ao ver a maneira espantosa como o pai se veste.)* A-a-a-a-a-ah-ow-ooh!

Higgins: *(Com um berro de triunfo.)* Ah! ah! Está aí! Vocês viram! Aaaaaa-ahowooh! A-a-a-a-a-ahowooh! A-a-a-a-ahowooh! Vitória! Vitória! *(Atira-se* *no divã, cruzando os braços e assumindo uma pose arrogante.)*

DOOLITTLE: A curpa num é dela, num curpa ela. Tamém num é minha, Eliza, num mi oilha ansim. É que intrei numa boulada – um pacotão.

LIZA: Deve ter achacado um bom milionário desta vez.

DOOLITTLE: Archaquei meismo. Mas a ropa num é pur irso – é pruma coisa munto inspecial. Tua mardrasta tá mi insperano angora meismo, na ingreja di São Jorgi pra carzá cumigo.

LIZA: *(Zangada.)* Você vai se prender, se amarrar dessa maneira com uma mulher baixa e vulgar?

PICKERING: *(Calmo.)* Ele é obrigado, Eliza. *(Pra Doolittle.)* Mas não era ela que não queria? Mudou de ideia?

DOOLITTLE: *(Triste.)* Invergronhada, partrão. Invergronhada. A moural da crasse mérdia pircisa di vítimas. Não qué botá u chapéu e vi ansisti meu surcrificio, Liza?

LIZA: Se o coronel acha que eu devo ir eu *(quase chorando)*, eu vou. Mas, vai ser triste ver o senhor preso assim. Sem contar que ela vai me insultar, como sempre.

DOOLITTLE: Num percisa tê medo mais – ela num diz mais parlavrão nim discruti cum ninguém, coitada! Dispois qui ficô reispeitáver perdeu tuda a graça.

PICKERING: *(Apertando ligeiramente o cotovelo de Eliza.)* Seja boa com eles, Eliza.

Liza: *(Forçando um sorriso pra ele, dominando a sua insatisfação.)* Está bem, o que for possível. Só pra mostrar que não guardo ressentimento. Volto já. *(Sai.)*

Doolittle: *(Sentando ao lado de Pickering.)* Tô tremeno *(mostra a mão)* di nervroso só di pensá na cirimúnia, coronér. Era bão si u sinhô pudia vim lá mi dá um arpôio.

Pickering: Mas que é que há? Você já tem experiência disso, homem. Já se casou uma vez antes, com a mãe de Eliza.

Doolittle: Quem qui lhi dirsi?

Pickering: Ué, ninguém. Concluí. É natural...

Doolittle: Nartural num sinhô, coronér. Custume da crasse mérdia. Cumigo, sabe, eu sempre num fiz ansim. Sempre fiz da minha manera; porbreza indiuguina. Mas num diz pra Eliza – ela num sabi. Sempre archei indilicado, uma grousseria farlá irso pra ela.

Pickering: Bons sentimentos. Não vou dizer nada, fica tranquilo.

Doolittle: I u sinhô vem na ingreja, coronér?

Pickering: Com prazer. Embora eu seja um solteirão convicto.

Sra. Higgins: Posso ir também, senhor Doolittle? Lamentaria muito perder essa cerimônia.

Doolittle: Uma honra qui eu nim mi artrevia di pensá, mardama. A minha veilha cumpanhera vai archá isso u meu maió presenti, uma menagem sim tarmanho. É bom pruque ele anda lá in baxo chorano us dia di aligria qui fôro simbora.

Sra. Higgins: *(Se levantando.)* Vou chamar a carruagem e me aprontar. *(Os homens se levantam, exceto Higgins.)* Dez minutos só. *(Quando ela sai, cruza com Eliza, que já está de chapéu e abotoa as luvas.)* Vou assistir ao casamento de seu pai, Eliza. É melhor você vir comigo, na carruagem. O coronel Pickering acompanha o noivo. *(Ela sai. Eliza vem ao centro da sala, entre a janela e a otomana. Pickering se junta a ela.)*

Doolittle: Noivo, eh! Qui parlavra! Faiz u homi lembrá sua nova porsição. *(Pega o chápéu e dirige-se à porta.)*

Pickering: Antes de eu sair, Eliza, perdoa Higgins e promete que vai voltar.

Liza: Acho que papai não me permitiria, não é, papai?

Doolittle: *(Triste, mas magnânimo.)* Êlis trartaram vorcê cum munta insperteza i munto reifinamento, Eliza, ambus us dôs. Si era um só qui andava cum vorcê, vorcê tinha fisgado êli. Mais uns dois andavo sempri junto, um sirvino di pau di cabelero pru otro, portregeno o otro. *(Para Pickering.)* U sinhô é manhoso, coronér – mas eu num levo a mar. Nu seu lugá tinha fazido u mesmu. Fui vítima de uma murlhé atrais di otra a vida torda – num posso angora censurá us carvalheros pruque ganharo da minha fia nesci jogo. Num mi meto, Eliza. Tã na hora di í, coronér. Adeus, Inriqui. Nus incontramo na ingreja, Eliza. *(Sai.)*

Pickering: *(Implorando.)* Fica conosco, Eliza. *(Sai. Eliza vai para a varanda, evitando ficar só com Higgins. Ele se levanta e vai até ela. Ela imediatamente volta à sala e dirige-se pra porta. Mas ele corre pela* *varanda e já está de costas contra a porta quando ela chega lá.)*

Higgins: Muito bem, minha jovem senhora. Acho que já se divertiu bastante. Já fez todas as variações em torno do mesmo tema e chegou o momento de voltar a ser razoável. Ou ainda falta alguma cena?

Liza: Você quer que eu volte apenas pra apanhar os seus chinelos e servir de saco de pancada pro seu mau humor.

Higgins: Por acaso eu lhe pedi pra voltar?

Liza: Ah, é verdade! Então de que é que estamos falando?

Higgins: Estamos falando de você, não de mim. Se voltar, vou tratá-la como sempre tratei. Não posso mudar minha natureza; e não pretendo mudar minhas maneiras. Minhas maneiras são exatamente as mesmas do coronel Pickering.

Liza: Não é verdade. Ele trata uma florista como se fosse uma duquesa.

Higgins: E eu trato uma duquesa como se fosse uma florista.

Liza: Já vi. *(Se volta com tranquilidade, senta-se na otomana, de rosto virado pra janela.)* O mesmo tratamento pra todo mundo.

Higgins: Exatamente.

Liza: Como papai.

Higgins: *(Mostrando os dentes, não muito satisfeito.)* Sem aceitar a comparação de maneira total, a verdade, Eliza, é que seu pai não é *snob* e estará à vontade em qualquer posição social em que a vida o colocar. Em que o seu excêntrico destino o colocar. *(Sério.)* O grande segredo, Eliza, não é ter maneiras boas ou más maneiras, mas ter as mesmas maneiras com todos os seres humanos: em suma, agir como se estivéssemos no céu, onde não há segunda classe e todas as almas valem o mesmo.

Liza: Amém! Você é pregador nato.

Higgins: *(Irritado.)* O problema não é se eu trato você grosseiramente, mas se você alguma vez me viu tratar alguém melhor.

Liza: *(Súbita sinceridade.)* Não me importo como você me trata. Não me importo em ouvir seu praguejar constante: "Dane-se". "Desgraçado!" "Desgranido!" "Que diabo!" e coisas piores. Não ligaria nem mesmo para uma agressão física – já passei por isso mais de uma vez na vida. Mas *(de pé, encarando-o firme)* não admito ser ignorada, não ser vista; atropelada.

Higgins: Pois então saia da minha frente; não vou parar por sua causa. Fala de mim como se eu fosse um ônibus.

Liza: E é o que você é – um ônibus. Enorme e grosso, pesado e feio, sem consideração especial com ninguém. Mas eu não preciso de você; posso ir sozinha. Sei meu caminho.

Higgins: Sei que você pode. Sei que você sabe. Eu lhe ensinei.

Liza: *(Magoada, afastando-se dele pra o outro lado da otomana, com a cara virada para a lareira.)* Não precisa repetir isso a vida inteira, grosseirão. Na verdade, tudo resolvido, você queria mesmo era se ver livre de mim.

Higgins: Mentirosa.

Liza: Obrigado. *(Senta-se com dignidade.)*

Higgins: Você nunca se perguntou, nem uma vez sequer, suponho, se eu podia passar sem você.

Liza: *(Séria.)* Não tente me amolecer. Vai ter que passar sem mim.

Higgins: *(Arrogante.)* Olha aqui, eu fiz a pergunta, eu dou a resposta: posso passar sem ninguém. Não preciso de ninguém. Tenho uma alma própria; minha fagulha particular do fogo divino. Mas *(com súbita humildade)* vou sentir muito a sua falta, Eliza. *(Senta-se junto dela na otomana.)* Alguma coisa eu aprendi das suas idióticas noções sentimentais – confesso isso, humilde e grato. E me acostumei à tua voz e à tua presença. Gosto delas... demais.

Liza: Bem, você tem ambas pra usar, quando bem entender – no gramofone e no álbum de fotografias. Quando sentir a minha ausência, pode ligar a máquina e folhear o álbum. Nem um dos dois tem sentimentos a serem feridos.

Higgins: Eu não posso ligar a tua alma. Me deixa teus sentimentos – pode levar a voz e o corpo. Não são o mais importante.

Liza: Você é... um bandido. É capaz de torcer o coração de uma mulher com a mesma facilidade com que outros lhe torcem o braço até ela ceder. Madame Pearce me avisou. Várias vezes ela quis deixar o emprego; e você sempre conseguia convencê-la a não ir embora, no último momento. Mas, na verdade, não tinha o menor interesse nela. Como não tem o menor interesse em mim.

Higgins: Eu me interesso pela vida, pela humanidade; você é uma parte da vida que se atravessou no meu caminho e cresceu dentro de minha casa. O que é que você, ou quem quer que seja, pode querer mais?

Liza: Eu não consigo me interessar por quem não se interessa por mim.

Higgins: Princípios comerciais, Eliza? Toma lá, dá cá. Como *(reproduzindo a pronúncia dela, anterior, com exatidão profissional)* "ramiête di frores, ói! ói!". É isso?

Liza: Não me humilhe. É cruel fazer isso comigo.

Higgins: Nunca humilhei ninguém na minha vida. Não faz bem à alma humana, nem à do humilhado nem à do humilhador. Estou exprimindo apenas meu justo e natural desprezo pelo seu comercialismo. Fique sabendo que não comercio, não compro e vendo afeição. Você me chama de grosseiro, porque não conseguiu ser minha proprietária em troca de trazer meus chinelos e achar os meus óculos. Agiu como idiota: uma mulher trazendo os chinelos de um homem é uma visão repugnante. Por acaso eu fui buscar as tuas sandálias? Tenho muito mais respeito por você por ter atirado os chinelos em minha cara. Não tem sentido se escravizar por mim e depois exigir atenções especiais: ninguém dá atenção especial a um escravo. Se quiser voltar, volte esperando apenas bom companheirismo; só isso e nada mais. Teve tanto de mim quanto eu tive de você; e se me aparecer de novo com esses truquinhos de cachorro amestrado, carregando chinelos na boca, claro que não vou reconhecer em você a minha maior criação, a duquesa Eliza, e vou bater com a porta na sua cara de imbecil.

LIZA: Por que você fez tudo isso se não tinha o menor interesse em mim?

HIGGINS: *(Sinceramente.)* Que pergunta! É a minha profissão.

LIZA: Nunca pensou no que ia encrencar a minha vida?

HIGGINS: O mundo nunca teria sido feito se o Todo-Poderoso parasse pra pensar nas encrencas que iam resultar da criação. Criar vida significa criar encrenca. Só existe uma maneira de evitar encrenca – não criar nada, se possível matar tudo. Os covardes, note isso, estão sempre pedindo a cabeça dos criadores de encrenca.

LIZA: Eu não sou um pregador; não percebo essas coisas. Só percebo que você não me percebe.

HIGGINS: *(Levantando-se e andando de modo impaciente e intolerante.)* Eliza, você é uma idiota. Esbanja os tesouros de minha mente privilegiada aplicando-os numa criatura como você. Uma vez por todas, põe na tua cabeça que eu sigo meu caminho e faço o meu trabalho sem pensar um minuto no que pode acontecer a você ou a mim. Não estou intimidado pela moralidade da *crasse mérdia*, como seu pai e sua madrasta. Você pode voltar ou ir pro diabo que a carregue. O que mais lhe agradar.

LIZA: Mas por que que eu vou voltar?

Higgins: *(Jogando-se de joelhos sobre a otomana e curvando-se sobre ela.)* Pelo prazer disso. Só. Foi por isso que eu peguei você.

Liza: *(De cara virada.)* E você pode me botar fora amanhã quando eu não fizer mais o que lhe agrada?

Higgins: Claro; e você também pode ir embora amanhã, quando eu não fizer mais o que te agrada.

Liza: E aí vou viver com minha madrasta.

Higgins: É; ou vender flores.

Liza: Ah, se eu pudesse voltar à minha de cesta de flores? Seria independente de você, de meu pai, do mundo inteiro! Por que você me roubou minha independência? Por que eu cedi? Com todas estas lindas roupas, agora eu sou uma escrava.

Higgins: Nem um pouco. Adoto você como minha filha e coloco dinheiro em seu nome, se quiser. Ou prefere casar com Pickering?

Liza: *(Olhando ferozmente pra ele.)* Eu não casaria com você, se me pedisse. E você está mais perto da minha idade que ele.

Higgins: *(Delicadamente.)* "Que ele" não. "Do que" ele.

Liza: *(Perdendo a calma e levantando.)* Eu falo como quiser. Você não é mais meu professor.

Higgins: *(Refletindo.)* Mas não acho que Pickering ia querer casar com você. Tem mais horror ao casamento do que eu.

Liza: E do que eu, você pensou? Quem lhe disse que estou louca pra casar? Sempre tive muitos homens em volta de mim – era só eu querer. Freddy Hill, por exemplo, me escreve duas ou três vezes por dia, folhas e folhas de papel.

HIGGINS: *(Desagradavelmente surpreendido.)* O sem-vergonha! Que audacioso! *(Levanta o corpo, senta-se nos calcanhares.)*

LIZA: Ué, ele é solteiro, eu também sou. E me ama!

HIGGINS: *(Saindo da otomana.)* Você não tem direito de encorajá-lo.

LIZA: Toda mulher tem o direito de ser amada.

HIGGINS: Por idiotas como esse? Faça bom proveito.

LIZA: Freddy não é idiota. E se é fraco e pobre, me quer bem. Pode me fazer mais feliz do que os fortes e importantes que me atropelam e não me querem.

HIGGINS: O que importa é o seguinte: o que é que ele vai fazer de você?

LIZA: Talvez eu possa fazer alguma coisa dele. Mas nunca pensei em ninguém fazer nada de ninguém. Você é que só pensa nisso. Eu quero só ser natural.

HIGGINS: Em resumo, você quer que eu me mostre tão encantado por você quanto seu Freddy; é isso?

LIZA: Não, senhor. Não é esse tipo de sentimento que eu espero de você. E não fique tão seguro assim de você próprio ou de mim. Eu já podia ter me transformado numa mulher má – tive toda uma escola. Disso entendo muito mais do que você – com todas as tuas leituras. As moças como eu sabem conseguir que cavalheiros finos se apaixonem por elas. Não é difícil, pode crer. Embora, depois de pouco tempo, os dois passem do amor a um ódio de morte.

Higgins: Claro. Então por que diabo estamos brigando?

Liza: *(Perturbada.)* Eu quero carinho. Sei que sou apenas uma moça comum, ignorante, e você um *gentleman* – um homem cheio de cultura; mas não sou o chão em que você pisa. O que eu fiz, não fiz por causa das roupas nem do táxi. Fiz porque era agradável estar *(corrige)*, estarmos juntos, eu poder tomar conta de você. Não pra que você se apaixonasse por mim – nunca esqueci a diferença entre nós dois –, mas para podermos, quem sabe, ser amigos.

Higgins: Ué, é isso, está certo, claro. É exatamente como eu sinto. É como Pickering também sente. Eliza, repito: você é uma boba.

Liza: Não é a resposta que eu queria. *(Afunda na cadeira da escrivaninha, em lágrimas.)*

Higgins: É a única resposta que vai ter enquanto não parar de ser uma idiota comum. Se, porém, pretende mesmo ser uma dama, uma *lady*, tem que deixar de se sentir desprezada só porque um homem não passa a metade do tempo lisonjeando-a e a outra metade agredindo-a. Se você não suporta a frieza do meu tipo de vida, e a tensão dela, a sarjeta está aí mesmo, minha querida. Trabalhe até ser mais animal do que ente humano; e, depois, discuta, brigue e beba na taverna, até cair dormindo. Ah, que bela vida, a vida da sarjeta. É verdadeira; é quente; é violenta. Você sente a vida mesmo com a pele calejada pelo trabalho. Sente o gosto e o cheiro dela, sente ter que fazer nenhum esforço de educação. Não é como a ciência, a literatura, a música clássica, a filosofia e a pintura, não, senhor. Você me acha frio, insensível, egoísta, egocêntrico, não acha?

Pois então vai viver com essa gente que te agrada – case com um desses cretinos sentimentais ou, melhor, com um cheio da nota, que tenha um beiço bem carnudo pra te beijar e uma bota bem elegante pra te chutar. Se você não é capaz de apreciar o que tem deve procurar ter o que aprecia.

Liza: *(Desesperada.)* Oh, que tirano sem alma você é! Não posso discutir com você; vira tudo contra mim: estou sempre errada. Mas você sabe muito bem, o tempo todo, que você é um covarde. Sabe muito bem que não posso voltar à sarjeta, como você chama minha vida passada, e que não tenho outros amigos neste mundo senão você e o coronel. Sabe muito bem que eu não ia conseguir mais viver com um homem comum, inferior, depois de ter convivido tanto tempo com vocês. É uma crueldade insuportável me insultar dessa maneira sabendo disso tudo. Você pretende que eu volte pra tua casa simplesmente porque não tenho mais pra onde ir, a não ser a casa de meu pai. Mas não fique tão certo de que eu esteja disposta a me colocar de novo debaixo dos teus pés e permitir que você me atropele e me dê ordens o tempo todo. Vou me casar com Freddy, é o que eu vou fazer, logo que ganhar o bastante pra sustentá-lo.

Higgins: *(Vociferando.)* Freddy! Esse supino idiota! Esse pobre, diabo que não tem capacidade nem de ser caixeiro! Nem capacidade, nem vontade! Mulher, quando é que você vai entender que eu a preparei para ser cônjuge de um rei?

Liza: Freddy me ama; isso faz dele o rei de que eu preciso. Não quero que ele trabalhe; não foi educado pra isso. Eu trabalharei por dois.

Higgins: Em que, se mal pergunto?

Liza: Posso ser professora.

Higgins: *(Espantado.)* Ah, é? Vai ensinar o que, meu Deus do céu?

Liza: Tudo que você me ensinou. Fonética.

Higgins: Ah! ah! Ah!

Liza: Vou me oferecer como assistente daquele húngaro peludo.

Higgins: *(Levantando-se, uma fúria.)* O quê? Aquele impostor? Aquele verme! Aquele sólido ignorantaço!? Ajudá-lo com os meus métodos? Minhas descobertas? Dê um passo nessa direção e eu lhe torço o pescoço. *(Põe as mãos nela.)* Está me ouvindo?

Liza: *(Desafio não resistente.)* Está aí – torce. Que me importa? Eu sabia que isso ia acontecer, mais dia menos dia. Você ia me agredir fisicamente, eu sabia. *(Ele a solta, batendo com o pé violentamente, furioso por ter-se deixado ir tão longe. Recua com tal força que tropeça e cai de volta na otomana.)* Ah! Agora eu sei como agir com você! Que tola eu fui de não ter pensado nisso antes. Você não pode tirar o que me ensinou. O conhecimento que me deu. Você disse que eu tenho um ouvido melhor do que o teu. E eu sei ser boa e delicada com as pessoas, coisa que você jamais vai aprender. Aha! *(Errando intencionalmente para aborrecê-lo.)* Ôce instá pirdido, proufessô Inriqui. Angora eu num mimporto maiiis *(estala os dedos)* cum suas miaças i farlações. *(Volta ao normal.)* Vou anunciar nos jornais que a sua duquesa é apenas uma florista de rua que você educou e que, em seis meses apenas, ela pode transmitir a qualquer um o que aprendeu, transformar qualquer pobre mulher numa outra duquesa, pela módica quantia de cem libras mensais. Oh, quando eu penso em mim me arrastando embaixo dos teus pés, sendo chutada e ofendida o tempo todo sem ter pensado por um momento que bastava levantar a voz pra ser igual a você – quem sabe melhor? –, eu digo: como eu fui idiota!

HIGGINS: *(Verdadeira admiração.)* Sua rameira desgraçada, sua...! Mas isso é muito melhor do que choramingar, do que ficar apanhando chinelos e procurando óculos, é ou não é? *(Levantando.)* Diabos me carreguem, Eliza, eu disse que ia fazer de você uma mulher – e fiz! É assim que eu gosto de você.

LIZA: É, você me aceita agora porque eu não tenho mais medo de você. Posso viver sem você.

HIGGINS: Exatamente, idiotíssima. Há cinco minutos você era apenas uma pedra pendurada em meu pescoço. De repente você é uma torre de defesa antimatrimonial, uma fortaleza anticonjugal; um couraçado anticasamental. Você, eu e Pickering agora somos três solteirões independentes vivendo juntos e não mais dois homens e uma garota boba. *(A sra. Higgins volta vestida pro casamento. Eliza, imediatamente, se transforma. Fica fria e elegante.)*

SRA. HIGGINS: A carruagem está esperando, Eliza. Está pronta?

LIZA: Sim, senhora. O professor também vai?

SRA. HIGGINS: Claro que não. Não sabe se comportar numa igreja. Fica o tempo todo comentando, em voz alta, os erros de pronúncia do pobre do padre.

Liza: Então não o verei mais, professor. Adeus. *(Vai pra porta.)*

Sra. Higgins: *(Se aproximando de Higgins.)* Até logo, meu filho.

Higgins: Té logo, minha mãe. *(Vai beijá-la, quando se lembra de alguma coisa.)* Ah, por favor, Eliza, quer me mandar um sanduíche de presunto e queijo Stilton? Se puder me compra também um par de luvas de camurça, claras, número oito, você sabe, e uma gravata que combine com aquele meu terno novo que chegou ontem. A cor fica por tua conta. *(Sua voz vigorosa, alegre, descuidada, mostra que ele é, realmente, incorrigível.)*

Liza: *(Desdenhosa.)* Número oito ficam pequenas em você, você sabe, se você quer com forro de lã. Gravata você tem três novinhas, que não usou nem uma vez – esqueceu na gaveta de baixo do armário do banheiro. O sanduíche vou mandar fazer de Gloucester em vez de Stilton – o coronel gosta mais desse e você não percebe a diferença. Hoje de manhã telefonei pra madame Pearce e disse a ela pra não esquecer o presunto. Como é que você vai viver sem mim não posso imaginar. *(Sai rapidamente.)*

Sra. Higgins: Acho que você estragou essa moça, Henry. Eu ficaria muito preocupada com a relação de vocês dois se ela não gostasse tanto do coronel Pickering.

Higgins: Pickering! Que bobagem. Ela vai se casar com Freddy! Ah! Ah! Ah! Freddy! Freddy! Ah! Ah! Ah! Ah! *(Rola de rir e a peça termina.)*

• • •

O resto da história não precisa ser mostrado na ação e nem precisaria ser contado se nossa imaginação não estivesse tão deformada pela preguiçosa dependência de clichês com toda a tralha novelesca que o Romance mantém em estoque para fornecer *happy ends* a serem encaixados a martelo em todas as histórias. Ora, a história de Eliza Doolittle, embora chamada romance porque a transfiguração que registra parece extremamente improvável, é demasiado comum. Tal transfiguração foi conseguida por centenas de jovens resolutos e ambiciosos; desde que Nell Gwynne deu o exemplo. Esses jovens têm interpretado reis e rainhas fascinantes num teatro em que ela começou vendendo laranjas.

O curioso é que espectadores de todos os quadrantes, em todas as partes do mundo, acham que Eliza devia ter casado com o herói do romance pela simples razão dela ser a heroína. Isso é inaceitável, não somente porque o pequeno drama, se acabasse de forma tão irrefletida, estaria completamente arruinado, mas porque a sequência natural dos fatos é patente pra qualquer um com um mínimo de conhecimento da natureza humana em geral, e do instinto feminino em particular.

Eliza, ao afirmar a Higgins que não casaria com ele mesmo que ele pedisse, não estava fazendo a coquete; estava anunciando uma decisão bem meditada. Quando um solteirão interessa, domina, ensina e se torna impotente pruma celibatária, como no caso de Higgins e Eliza, ela, se tem caráter bastante pra isso, sempre considera seriamente se vai agir em função de se tornar mulher desse – solteirão. Especialmente se ele está tão pouco interessado em casamento que uma mulher devotada e determinada pode capturá-lo com facilidade. A decisão vai depender muito dela ter real liberdade de escolha; e isso, por sua vez, dependerá da idade dela e do dinheiro de que dispõe. Se já está no fim da mocidade, e não tem segurança econômica, casará com ele porque tem de casar com qualquer um que lhe dê sustento. Mas, na idade de Eliza, uma moça bonita não sente a pressão dessa necessidade; sente-se livre para pegar ou largar. Portanto, nessa matéria, é guiada pelo instinto. O instinto de Eliza diz pra ela não casar com Higgins. Não diz que o abandone. Não há a menor dúvida de que ele continuará como um dos mais fortes interesses de sua existência. Seria dramático o aparecimento de outra mulher capaz de suplantá-la junto a ele. Mas, como ela se sente segura desse ponto, não tem a menor dúvida na decisão a tomar, e não teria mesmo que a diferença de vinte anos de idade – tão gigantesca para uma jovem! – não existisse entre eles.

Como nossos próprios instintos não se conformam com a decisão de Eliza, vejamos se conseguimos descobrir alguma razão pra ela. Quando Higgins explica sua indiferença por mulheres jovens dizendo que elas tinham uma rival irresistível em sua própria mãe, nos dá uma pista pro seu irreversível celibato. O caso só é extraordinário na medida em que mães excepcionais são raras. Se um rapaz de imaginação tem uma mãe rica e, além disso, inteligente, cheia de graça pessoal, dignidade de caráter sem dureza de princípios, um refinado gosto pela melhor arte do seu tempo capaz de fazer de sua casa um lugar especialmente bonito, essa mãe, essa mulher, coloca o rapaz com um padrão de fundo contra o qual poucas outras mulheres podem lutar. E suas, dele, afeições, seu senso de belo, seu idealismo, tendem, naturalmente, a se afastar, se desligar do impulso puramente sexual. Isso faz dele um estranho enigma pro gigantesco número de pessoas incultas, criadas em lares amorfos, sem gosto, por pais comuns senão desagradáveis, para quem, consequentemente, literatura, pintura, escultura, música e relações de afeição surgem apenas como forma de expressão sexual. Quando surgem. A palavra paixão, pra essas pessoas, não significa outra coisa: e que Higgins possa ter uma paixão por fonética e idealizar sua mãe e não Eliza, só pode parecer, a essa gente, pouco natural, absurdo. Contudo, quando olhamos em volta e verificamos que quase ninguém é tão feio ou desagradável que não encontre marido ou mulher – caso queira –, enquanto inúmeros solteirões e solteironas são pessoas acima da média em matéria de qualidade e cultura, não podemos deixar de suspeitar de que o desligamento do sexo das associações que lhe são comumente agregadas, um desligamento que pessoas de gênio conseguem por puro esforço de análise intelectual, algumas vezes é produzido ou ajudado pelo fascínio dos pais.

Ora, Eliza, embora incapaz de explicar assim, para si própria, a formidável força de Higgins, resistente ao charme que prostrou Freddy no primeiro encontro, tinha, porém, instintivamente, a certeza de que nunca conseguiria um domínio total sobre ele, nunca conseguiria substituir a mãe nas relações com ele (a primeira necessidade da mulher casada). Para resumir; ela sabia que, por qualquer razão misteriosa, Higgins não possuía as engrenagens do marido – sua concepção de marido sendo a de uma pessoa pra quem ela representaria o mais profundo e apaixonado interesse, senão o único. Mesmo, porém, que não houvesse a mãe-rival, ainda assim ela teria recusado um interesse pessoal que sabia inferior a interesses filosóficos. Se, por acaso, a sra. Higgins morresse, restariam ainda Milton e o Alfabeto Universal. A frase de Landor "Para os que possuem uma grande capacidade de amar, o amor é um interesse secundário" não teria recomendado Landor a Eliza. Coloquem isso junto ao seu ressentimento pela dominadora superioridade de Higgins, sua insegurança diante da habilidade dele de lisonjeá-la e confundi-la toda vez que sentia ter ido longe demais no ímpeto ofensivo, e verão que o instinto de Eliza tinha bons motivos pra aconselhá-la a não casar com seu Pigmaleão.

Mas, então, com quem casou Eliza? Pois, se Higgins era um solteirão predestinado, ela não tinha a menor vocação pro celibato. Bem, isso pode ser contado em breves palavras pra todos aqueles que não o perceberam pelas indicações que ela própria forneceu.

Quase imediatamente depois que é compelida a proclamar sua hiperconsiderada determinação de não casar com Higgins, Eliza menciona o fato do jovem sr. Frederick Eynsford Hill derramar diariamente o seu amor por ela em torrente de mensagens postais. Ora, Freddy é jovem, praticamente vinte anos mais moço do que Higgins. É um *gentleman* (ou, como Eliza o qualificaria, um distinto) e fala como tal. Se veste bem, é tratado pelo coronel como um igual, ama-a sem restrições, e não a domina, não é seu senhor, nem tem condições para jamais vir a dominá-la em que pese sua superioridade social. Eliza positivamente não acredita na velha e estúpida tradição romântica de que todas as mulheres adoram ser dominadas, quando não ofendidas e espancadas. "Quando for se encontrar com uma mulher", diz Nietzsche, "leve o chicote." Déspotas expertos jamais limitaram essa precaução às mulheres

– levaram o chicote mesmo pra encontros com homens, sobre quem tiveram oportunidade de usá-lo com muito melhor resultado. Há mulheres servis; e há homens servis. E as mulheres (como os homens) admiram aqueles que são mais fortes do que elas. Mas admirar uma pessoa forte e viver sob o tacão dessa pessoa são duas coisas diferentes. Os fracos podem não ser admirados nem endeusados, o que não quer dizer que não sejam amados e solicitados. E não parecem ter a menor dificuldade em se casar com pessoas aparentemente bem melhores do que eles. Falham em determinadas emergências; mas a vida não é feita apenas de emergências; é, geralmente, um colar de situações para as quais não é necessário força excepcional, e com as quais mesmo um fraco pode lidar com sucesso, sobretudo quando ajudado por um companheiro mais forte. Por isso é uma verdade mais ou menos evidente a toda hora que as pessoas fortes, homens e mulheres, não só não se casam com outras pessoas fortes como nem sequer mostram preferência pelo tipo ao escolherem seus amigos. Quando um leão encontra outro leão e emite um rugido violento o segundo leão acha o primeiro um cacete. Homem ou mulher que se sentem fortes procuram no companheiro, naturalmente, outras qualidades.

O contrário também é verdade. Pessoas fracas aspiram a se casar com pessoas fortes – que não as assustem demais. O que, inúmeras vezes, as leva àquele erro que, metaforicamente, se chama "ter o olho maior do que a barriga". Querem trocar muito por muito pouco; e quando a barganha se mostra demasiado irracional a união fica impossível: termina com a pessoa mais fraca sendo posta de lado ou, o que é pior, carregada como uma cruz. Pessoas que são não apenas fracas, mas também ridículas e obtusas, se encontram comumente nessa situação.

Sendo esta a condição das relações humanas, o que é que Eliza deve fazer, colocada entre Freddy e Higgins? Deve passar a vida inteira trazendo os chinelos de Higgins ou vai preferir que Freddy a vida inteira traga os dela? Alguém tem dúvidas quanto à escolha? A não ser que Freddy seja biologicamente repulsivo pra ela, e Higgins biologicamente atraente num grau que obnubile seus demais instintos, ela terminará, naturalmente, por se casar com Freddy.

E foi isso exatamente o que Eliza fez.

Complicações se seguiram. Mas foram econômicas, não românticas. Freddy não tinha dinheiro, nem ocupação. Os bens da mãe dele, uma última relíquia da antiga opulência do Parque da Dona Gorda, tinham permitido à sra. Eynsford manter a aparência de dama da sociedade, mas não foram suficientes para pagar a instrução secundária dos filhos. Quanto mais dar ao rapaz uma profissão. Um emprego num escritório na base de trinta *shillings* por semana estava muito abaixo da dignidade de Freddy; desagradável só de pensar. Sua esperança era que, mantendo as aparências, alguém, no seu meio social, lhe oferecesse uma oportunidade. Essa oportunidade ele a sonhava como a de ser secretário particular de algum nobre ou outra espécie qualquer de sinecura. Pra sua mãe, a oportunidade seria uma jovem rica que não resistisse aos encantos do filho. Imaginem os sentimentos dela quando o filho casou com uma florista que tinha sido desclassificada – rebaixada de classe social – em circunstâncias extraordinárias: agora do conhecimento de quase todo mundo!

É bem verdade que a situação de Eliza já não parecia tão ruim assim. O pai, antes um lixeiro, e agora fantasticamente reclassificado – para melhor –, tinha se tornado extremamente popular em certos meios sofisticados da sociedade, vencendo preconceitos e desajustes naturais com seu extraordinário talento social. Rejeitado pela classe média, que ele desprezava, tinha saltado imediatamente para os mais altos círculos, conquistando-os com sua verve, sua origem profissional (carregava a vassoura do lixeiro como um estandarte) e sua transcendente visão do Bem e do Mal, verdadeiramente nietzschiana. Em jantares ducais extremamente íntimos ele sentava à direita da duquesa; nas casas de campo ele fumava na copa e trocava impressões profissionais com o mordomo quando não estava jantando com o dono da casa e aconselhando ministros de Estado. Mas Doolittle achava tão difícil manter esta vida com quatro mil libras por ano quanto a sra. Eynsford Hill viver em Earlscourt com uma renda tão miseravelmente menor que eu nem tenho coragem de dizer a quantia exata. Por isso recusava ferozmente aumentar sua carga de responsabilidade social colocando nos ombros a obrigação de sustentar Eliza.

De modo que Freddy e Eliza, agora sr. e sra. Eynsford Hill, teriam passado uma lua de mel de fome se não fosse um presente de casamento de quinhentas libras. Do coronel. Durou muito, essa quantia, pois Freddy nem sabia gastar dinheiro, já que nunca teve dinheiro para gastar, e Eliza, treinada socialmente por um par de velhos celibatários, usava as roupas até estas se rasgarem – e conseguia manter boa aparência –, sem dar a menor importância a elas terem saído da moda há dois ou três anos. Mesmo assim, quinhentas libras não duram a vida toda; e ambos sabiam, e Eliza sentia, que logo teriam que começar a navegar em águas próprias. Ela podia se abrigar na rua Wimpole, pois afinal aquela passara a ser seu lar: mas sabia muito bem que não podia levar Freddy pra morar lá, por todos os motivos, inclusive porque seria péssimo pro caráter dele.

Não que os solteirões da rua Wimpole fossem contra. Quando ela os consultou, Higgins recusou-se a se incomodar e discutir o assunto, achando a solução absolutamente óbvia. O desejo de Eliza trazer Freddy com ela também não lhe pareceu mais estranho do que ela querer botar no quarto uma penteadeira nova. Conversas sobre o caráter de Freddy e sua necessidade moral de ganhar a vida foram considerações inteiramente inúteis. Higgins negou a hipótese de Freddy ter qualquer caráter capaz de ser estragado e declarou que se ele tentasse fazer qualquer coisa pra ajudar o que aconteceria é que ele, Higgins, teria que pagar uma pessoa competente para refazer tudo – um procedimento que achava antieconômico pra comunidade e que faria Freddy muito infeliz. Pois sua natureza o destinara, é claro, pra trabalhos leves, como, por exemplo, divertir Eliza, o que, Higgins acreditava, era uma atividade mais útil e mais nobre do que se desgastar num escritório na cidade. Quando Eliza se referiu outra vez a seu projeto de ensinar fonética, Higgins não diminuiu uma vírgula da sua violenta oposição à ideia. Mostrou que ela estava a dez anos de distância de poder tratar seriamente do assunto. E como o coronel concordava totalmente com ele, Eliza não se achou capaz de contrariá-los em coisa tão séria, não se sentindo, sem o consentimento de Higgins, no direito de explorar o conhecimento que tinha adquirido. Pois a cultura dele parecia a Eliza uma propriedade privada; tão particular quanto seu relógio. Ela não era comunista. Sem falar que tinha supersticiosa devoção por ambos, a qual aumentou, não diminuiu, depois do casamento.

Foi o coronel quem deu a solução final ao problema, depois de muita cogitação. Um dia, com bastante cuidado, ele perguntou a Eliza se tinha abandonado completamente a ideia de abrir uma loja de flores. Ela respondeu que não, que havia pensado nisso, mas tinha tirado a ideia da cabeça no dia em que, em casa da sra. Higgins, o coronel afirmara que aquilo não ia dar certo. O coronel disse que tinha reconsiderado e levaram o caso a Higgins, nessa mesma noite. O único comentário feito por Higgins quase resultou numa briga séria com Eliza. Higgins aprovou inteiramente a ideia dizendo que, aliás, Freddy dava um excelente entregador.

O próprio Freddy foi então sondado a respeito. Respondeu que ele próprio andara pensando numa loja; embora, na sua visão de homem sem níquel, tivesse cogitado duma coisa bem modesta, uma portinha em que Eliza vendesse tabaco num balcão e ele jornais, em outro. Mas concordou logo com a ideia, achando que seria extraordinariamente alegre sair bem cedo todas as manhãs pra comprar flores em Covent Garden, no próprio local em que tinha visto Eliza a primeira vez: sentimento que lhe rendeu inúmeros beijos da esposa. Acrescentou que sempre tivera receio de propor uma coisa semelhante, pois Clara, a irmã, ia fazer um estardalhaço achando que a decisão prejudicaria fundamentalmente suas chances matrimoniais e que sua mãe ficaria desolada com o fato, pois levara anos de esforço pra atingir esse degrau da escada social em que o comércio varejista é considerado uma vergonha.

A dificuldade foi superada por um acontecimento completamente inesperado pela mãe de Freddy. Clara, no decorrer de suas incursões nos círculos artísticos a seu alcance, descobriu que suas necessidades de conversadora exigiam um certo conhecimento da obra do sr. H. G. Wells. Pediu essas obras emprestadas em várias fontes e mergulhou nelas com tal fúria que esgotou o autor em menos de dois meses. O resultado foi uma conversão total, muito comum hoje em dia.

A pobre Clara, que pareceu a Higgins e sua mãe uma pessoa desagradável e ridícula, e para a própria mãe dela era um lamentável fracasso social, jamais se viu como tal: pois, embora, de certa maneira, sempre fosse ridicularizada e caricaturada em West Kensington, contudo era aceita como uma espécie de ser humano racional e normal. No pior a chamavam de oportunista. Oportunista pra que, nem eles, nem ela, saberiam dizer. O importante é que Clara não era feliz. Estava mesmo desesperada. Seu único bem, seu único título, o fato da sua mãe ser aquilo que os quitandeiros da Epsom chamavam de madama de carruagem, aparentemente não possuía valor de mercado. E tinha impedido dela se educar, pois a educação acessível nas circunstâncias era a pública, junto com os filhos dos quitandeiros, coisa que a mãe jamais admitiria. Pois ela tinha que frequentar a sociedade. Mas a sociedade simplesmente não a aceitava justamente porque era mais pobre do que um quitandeiro, não podia ter uma governanta, não podia nem mesmo ter uma criada para o dia inteiro e, em casa, era obrigada aos serviços mais humildes, auxiliada apenas por uma diarista. Nessas circunstâncias, claro que nada podia lhe dar o ar de um produto social genuíno. E, contudo, sua tradição a fazia encarar um casamento com qualquer pessoa de seu meio como uma humilhação insuportável. Comerciantes e profissionais de qualquer espécie lhe eram odiosos. Corria atrás de pintores e novelistas. Mas não conseguia interessá-los. Suas tentativas mais audaciosas de conversar sobre arte e literatura só faziam irritá-los. Era, em suma, um total fracasso, uma pequena esnobe inútil, paupérrima, ignorante, incompetente e pretensiosa: indesejável. E embora não admitisse nenhuma dessas desqualificações (pois ninguém aceita verdades assim tão desagradáveis a não ser quando há alguma maneira de escapar delas), sentia os efeitos tão fortemente que sua posição se tornara insustentável.

Clara teve uma espantosa revelação quando, subitamente entusiasmada por uma jovem de sua idade, que a deslumbrou e produziu nela a incontida vontade de imitá-la, de ganhar-lhe a amizade, descobriu que essa estranha aparição tinha se graduado, ascendido ao que era, vindo da sarjeta, de onde saíra há apenas alguns meses. Isso a abalou de tal maneira que, quando o sr. H. G. Wells a segurou pela ponta de sua poderosa pena e colocou num ponto de vista do qual a vida que ela estava levando e a sociedade na qual ela se pendurava apareciam em suas verdadeiras relações com o ser humano e com a estrutura social digna desse nome, efetuou nela uma conversão e uma convicção de pecado inacreditáveis, só comparáveis aos mais sensacionais feitos do general Booth. Todo o esnobismo de Clara explodiu como uma bolha. A vida, de repente, começou a andar na mesma direção que ela. Sem saber como, nem por que, começou a fazer amigos e inimigos. Alguns dos conhecidos, pra quem ela tinha sido indiferente, tediosa ou ridícula, a abandonaram; outros se tornaram cordiais. Pra sua surpresa descobriu que algumas pessoas de "bom tom" estavam saturadas pelas ideias de Wells e que isso era o segredo do seu encanto. Pessoas que ela achava profundamente religiosas e que tinha tentado contatar por esse lado com resultados desastrosos subitamente começaram a se interessar por ela, revelando uma hostilidade para com a religião convencional que ela jamais achara possível a não ser entre desesperados. Fizeram-na ler Galsworthy; e Galsworthy expôs com tal maestria a futilidade de sua condição que isso acabou com Clara. Exasperou-a saber que a masmorra em que definhara durante tantos anos infelizes estava com a porta aberta o tempo todo e que os impulsos que sempre dominara com desesperado esforço só para se manter equilibrada na sociedade eram exatamente os impulsos com os quais podia ter conseguido qualquer espécie de contato humano verdadeiro e sincero. No brilho ofuscante dessas descobertas, no tumulto dessa reação, ela se portou tão idiotamente e se entregou tão abertamente como o tinha feito quando assumiu e repetiu sem pensar o expletivo de Eliza na sala de visitas da senhora Higgins. A recém-nascida discípula de Wells teve que aprender a caminhar sozinha, ridícula como um bebê. Mas ninguém odeia um bebê por suas incapacidades, nem o acha um mau caráter apenas porque está comendo os fósforos. Clara não perdeu amigos com suas tolices. Riram na cara dela o tempo todo; ela teve que, e aprendeu a, defender e lutar, como podia.

Quando Freddy fez uma visita a Earlscourt (que retardou o quanto pôde) para desoladora comunicação de que ele e Eliza estavam pensando em denegrir o brasão de Dona Gorda com a abertura de uma loja, encontrou sua casa já bastante tumultuada por um comunicado anterior de Clara: ela ia trabalhar numa loja de mobílias antigas na rua Dover, loja recém-inaugurada por uma companheira do culto Wellsiano. Isso Clara devia a seu velho "oportunismo". Há tempos tinha se determinado a conhecer o sr. Wells em carne e osso, custasse o que custasse: o que conseguiu, afinal, certo dia, num *garden-party*. Teve melhor sorte do que suas aptidões intelectuais fariam esperar. O sr. Wells preencheu todas as suas expectativas. A idade não o tinha debilitado nem a rotina entrevado a imensa variação de sua inteligência. Sua agradável limpeza e capacidade de síntese, seus pés e mãos tão pequenos, sua mente rápida e alerta, sua espontânea acessibilidade, e a delicada capacidade de apreensão que pareciam fazê-lo sensível da ponta dos pés ao último fio de cabelo, tornavam-no irresistível. Clara não falou de outra coisa durante semanas e semanas. Como aconteceu de falar disso à dona da loja de móveis e como essa senhora desejava muito conhecer o sr. Wells pra lhe vender algumas peças de mobiliário, ofereceu a Clara um emprego, na esperança de que Clara lhe abrisse as portas necessárias.

De modo que tudo acabou sendo uma sorte pra Eliza, que não encontrou especial oposição à sua loja de flores. A loja fica numa arcada da estação da estrada de ferro perto do Museu Victoria e Albert; se você mora na vizinhança, bem que podia dar uma passada por lá, uma hora dessas, e botar na lapela um cravo comprado a Eliza.

Bom, esta é a última possibilidade de um romance. Sei que você gostaria que eu contasse que a loja foi um imenso sucesso devido ao *charm* de Eliza e sua anterior experiência no ramo vendendo flores em Covent Garden. Ai! A verdade é a verdade; a loja nem se pagou por muito tempo, simplesmente porque nem Freddy nem Eliza tinham a menor ideia de administração. Claro que Eliza não teve que começar pelo princípio mesmo. Ela sabia o nome e o preço de muitas flores. As mais pobres. E seu entusiasmo foi enorme ao descobrir que Freddy, como todos os jovens educados em colégios baratos, pretensiosos e completamente ineficientes, sabia um pouco de latim. Muito pouco, mas o suficiente pra que ela o olhasse como um monge iluminista, inteiramente em casa no referente à nomenclatura botânica. Infelizmente ele só sabia isso; e Eliza, embora sabendo contar dinheiro até a elevada soma de dezoito *shillings* – mais ou menos – e tendo se familiarizado com a língua de Milton durante o período em que lutou pra ganhar a aposta pra Higgins, era incapaz de escrever o menor recibo sem cometer erros capazes de acabar com a reputação da loja. Por sua vez, a capacidade de Freddy de afirmar, em latim, que "Balbus construiu uma muralha" e que "A Gália é dividida em três partes" não lhe facilitava em nada entender a contabilidade e as finanças da pequena empresa. O coronel Pickering teve que lhe explicar o que era um extrato de conta e a diferença entre um saldo devedor e um saldo credor. Sem falar que o casal não se deixava ensinar com muita facilidade. Freddy apoiava plenamente Eliza na sua obstinada recusa em acreditar que poderia economizar dinheiro gastando mais: no pagamento de um guarda-livros com certo conhecimento do negócio. Como, argumentavam cheios de razão, pode-se economizar gastando mais, se o que entra já não dá pra pagar o que sai? Mas o coronel, inúmeras vezes forçado a fazer o dever e o haver dar certo colocando mais algum do próprio bolso, por fim fincou pé; e Eliza, com a cabeça no pó pela humilhação de recorrer a ele tantas vezes, magoada com a constante zombaria de Higgins, para quem a ideia de Freddy ser bem-sucedido em qualquer empreitada era uma piada hilariante, acabou admitindo o fato de que comércio, como fonética, é uma ciência – tem de ser aprendido.

Sobre o penoso espetáculo da dupla passando noites e noites em escolas de taquigrafia, aulas politécnicas, lições de contabilidade e datilografia, ministradas por professores e professoras improvisados em escolas elementares – bem, disso prefiro não falar. Tiveram aulas até na Faculdade de Economia de Londres, onde chegaram a requerer ao diretor, humildemente, que lhe recomendassem um curso especial sobre administração de lojas de flores. Ele, humorista nato, indicou-lhes o célebre ensaio Dickensiano sobre metafísica chinesa no qual se fala de um cavalheiro que leu um artigo sobre a China e um artigo sobre metafísica e misturou as informações. Sugeriu que fizessem um curso simultâneo, na Escola de Economia e no Jardim Botânico. Eliza, pra quem o procedimento do cavalheiro Dickensiano parecia perfeitamente lógico (e era!) e não uma tirada humorística (ignorância dela), ouviu o conselho com absoluta seriedade. Mas sua maior humilhação foi pedir a Higgins – cuja diversão artística preferida, além de decorar os versos de Milton, era a caligrafia (ele escrevia numa maravilhosa caligrafia italiana) – que a ensinasse a escrever. Ele respondeu, a princípio, que ela era congenitamente incapaz de rabiscar uma letra digna sequer da mais pobre das palavras de Milton. Ela insistiu. E, mais uma vez, ele se jogou na tarefa de ensiná-la, numa combinação de tempestuosa intensidade, concentrada paciência e explosões ocasionais de interessantes digressões retóricas sobre a beleza, a nobreza, a augusta missão, o glorioso destino da caligrafia humana. Eliza acabou adquirindo uma letra absolutamente não comercial. Evidente extensão de sua beleza pessoal, e passou, com isso, a gastar três vezes mais do que antes em material de papelaria, pois certas qualidades e formatos de papel se tornaram indispensáveis à sua nova estética. Era incapaz até de endereçar um envelope comum sem errar completamente a proporção das margens.

Esses dias de aprendizagem comercial foram um período de desgraça e desespero pro jovem casal. Parecia que não estavam aprendendo exatamente nada sobre o próprio negócio. Afinal abandonaram tudo como coisa inútil e abandonaram pra sempre a poeira das escolas de taquigrafia e politécnica. Estranho é que, misteriosamente, o negócio começou a ficar de pé sozinho. Explica-se: no afã de aprender, tinham-se esquecido da objeção de empregar outras pessoas. Percebendo que a loja prosperava, concluíram o que todos concluem em circunstâncias semelhantes: que a sua era a maneira correta de administrar e que tinham um extraordinário talento pra negócios. O coronel, que durante anos se obrigara a manter uma conta corrente especial pra cobrir os déficits deles, aliviou-se ao ver que a provisão não era mais necessária: o jovem casal se mantinha. É bem verdade que não havia muito *fair-play* entre eles e os competidores. Os seus fins de semana no campo eram de graça e, com isso, economizavam nos jantares domingueiros. O carro que usavam era do coronel, e os dois, ele e Higgins, pagavam a conta do hotel. O sr. F. Hill, florista e verdureiro (em certo ponto o casal descobriu que o aspargo era um bom negócio e o aspargo levou à descoberta de outros legumes), tinha um ar que dava classe a seu negócio. Na vida particular, continuava sendo, naturalmente, Frederick Eynsford Hill, *Esquire*. Não que houvesse nada de ostentador por parte dele; só Eliza sabia que seu nome de batismo era Frederick Challoner. Eliza porém ostentava o que podia.

É tudo. Foi assim que foi. É espantoso quanto Eliza ainda consegue se intrometer na vida doméstica da rua Wimpole, apesar da loja e sua própria família pra cuidar. E é curioso, também, que, embora ela jamais provoque o marido, e ame o coronel como se fosse sua filha, nunca perdeu o hábito de provocar Higgins, coisa historicamente iniciada e estabelecida na noite fatal em que ela ganhou a aposta pra ele. Agride-o pelo menor motivo – ou nenhum. Higgins não tem mais a coragem de irritá-la falando da abismal diferença de cultura e talento entre Freddy e ele. Ainda agride, ameaça e zomba; mas ela reage com tal ímpeto que, inúmeras vezes, o coronel tem que lhe pedir que trate Higgins com mais bondade – único pedido dele que esbarra numa expressão de teimosia. Nada, a não ser uma emergência ou uma calamidade extraordinária, parece capaz de quebrar esse antigo jogo de encontros e desavenças e fazê-lo voltar a uma humanidade comum – que Deus o poupe de semelhante provação! Ela sabe que Higgins não precisa dela, como o pai não precisava. O próprio escrúpulo com que ele lhe disse, naquele dia, que estava demasiado acostumado a tê-la perto, dependendo dela pra toda espécie de pequenos serviços, e que sentiria muito se ela fosse embora (jamais ocorreria a Freddy ou ao coronel dizer nada parecido), cimentou nela a certeza de que não representa pra ele "ma-iis du qui um páá'di chim-nelos". Mas sabe que essa indiferença, curiosamente, é uma coisa mais profunda do que a paixão de almas comuns. Continua profundamente interessada nele. Tem mesmo momentos secretos, de malícia, em que pensa em ficar só com ele, numa ilha deserta, longe de todos os laços e obrigações, pra poder derrubá-lo do seu pedestal e obrigá-lo a amar como um homem normal. Todos temos esses instantes de sonho. Mas, na hora dos negócios, na vida que ela leva realmente, longe de sua vida de devaneios e fantasias, Eliza gosta de Freddy e do coronel; e não gosta de Higgins nem do sr. Doolittle. Galatea não gosta muito de Pigmaleão; a relação dele com ela é demasiado divina pra ser agradável.

FIM

SOBRE O TRADUTOR

MILLÔR FERNANDES (1923-2012) estreou muito cedo no jornalismo, do qual veio a ser um dos mais combativos exemplos no Brasil. Suas primeiras atividades na imprensa foram em *O Jornal* e nas revistas *O Cruzeiro* e *Pif-Paf*. Estudou no Liceu de Artes e Ofícios do Rio de Janeiro e, já integrado à intelectualidade carioca, trabalhou nos seguintes periódicos: *Diário da Noite*, *Tribuna da Imprensa* e *Correio da Manhã*, sofrendo, diversas vezes, censura e retaliações por seus textos. De 1964 a 1974, escreveu regularmente para *O Diário Popular*, de Portugal. Colaborou também para os periódicos *Correio da Manhã*, *Veja*, *O Pasquim*, *Isto É*, *Jornal do Brasil*, *O Dia*, *Folha de São Paulo*, *Bundas*, *O Estado de São Paulo*, entre outros. Publicou dezenas de livros, entre os quais *A verdadeira história do paraíso*, *Poemas* (**L&PM** POCKET), *Millôr definitivo – a bíblia do caos* (**L&PM** POCKET; **L&PM** EDITORES) e *O livro vermelho dos pensamentos de Millôr* (**L&PM** POCKET). Suas colaborações para o teatro chegam a mais de uma centena de trabalhos, entre peças de sua autoria, como *Flávia, cabeça, tronco e membros* (**L&PM** POCKET), *Liberdade, liberdade* (com Flávio Rangel) (**L&PM** POCKET), *O homem do princípio ao fim* (**L&PM** POCKET), *Um elefante no caos* (**L&PM** POCKET), *A história é uma história*, e adaptações e traduções teatrais, como *Gata em telhado de zinco quente*, de Tennessee Williams, *A megera domada*, *Hamlet*, *As alegres matronas* *de Windsor*, *O Rei Lear*, de Shakespeare (**L**&**PM** POCKET), *Pigmaleão*, de George Bernard Shaw (**L**&**PM** POCKET), e *O jardim das cerejeiras*, de Anton Tchékhov (**L**&**PM** POCKET). Foi também um dos mais importantes desenhistas e cartunistas do país.

Coleção L&PM POCKET

1271. **O melhor de Hagar 8** – Dik Browne
1272. **O melhor de Hagar 9** – Dik Browne
1273. **O melhor de Hagar 10** – Dik e Chris Browne
1274. **Considerações sobre o governo representativo** – John Stuart Mill
1275. **O homem Moisés e a religião monoteísta** – Freud
1276. **Inibição, sintoma e medo** – Freud
1277. **Além do princípio de prazer** – Freud
1278. **O direito de dizer não!** – Walter Riso
1279. **A arte de ser flexível** – Walter Riso
1280. **Casados e descasados** – August Strindberg
1281. **Da Terra à Lua** – Júlio Verne
1282. **Minhas galerias e meus pintores** – Kahnweiler
1283. **A arte do romance** – Virginia Woolf
1284. **Teatro completo v. 1: As aves da noite** *seguido de* **O visitante** – Hilda Hilst
1285. **Teatro completo v. 2: O verdugo** *seguido de* **A morte do patriarca** – Hilda Hilst
1286. **Teatro completo v. 3: O rato no muro** *seguido de* **Auto da barca de Camiri** – Hilda Hilst
1287. **Teatro completo v. 4: A empresa** *seguido de* **O novo sistema** – Hilda Hilst
1289. **Fora de mim** – Martha Medeiros
1290. **Divã** – Martha Medeiros
1291. **Sobre a genealogia da moral: um escrito polêmico** – Nietzsche
1292. **A consciência de Zeno** – Italo Svevo
1293. **Células-tronco** – Jonathan Slack
1294. **O fim do ciúme e outros contos** – Proust
1295. **A jangada** – Júlio Verne
1296. **A ilha do dr. Moreau** – H.G. Wells
1297. **Ninho de fidalgos** – Ivan Turguêniev
1298. **Jane Eyre** – Charlotte Brontë
1299. **Sobre gatos** – Bukowski
1300. **Sobre o amor** – Bukowski
1301. **Escrever para não enlouquecer** – Bukowski
1302. **222 receitas** – J. A. Pinheiro Machado
1303. **Reinações de Narizinho** – Monteiro Lobato
1304. **O Saci** – Monteiro Lobato
1305. **Memórias da Emília** – Monteiro Lobato
1306. **O Picapau Amarelo** – Monteiro Lobato
1307. **A reforma da Natureza** – Monteiro Lobato
1308. **Fábulas** *seguido de* **Histórias diversas** – Monteiro Lobato
1309. **Aventuras de Hans Staden** – Monteiro Lobato
1310. **Peter Pan** – Monteiro Lobato
1311. **Dom Quixote das crianças** – Monteiro Lobato
1312. **O Minotauro** – Monteiro Lobato
1313. **Um quarto só seu** – Virginia Woolf
1314. **Sonetos** – Shakespeare
1315(35). **Thoreau** – Marie Berthoumieu e Laura El Makki
1316. **Teoria da arte** – Cynthia Freeland
1317. **A arte da prudência** – Baltasar Gracián
1318. **O louco** *seguido de* **Areia e espuma** – Khalil Gibran
1319. **O profeta** *seguido de* **O jardim do profeta** – Khalil Gibran
1320. **Jesus, o Filho do Homem** – Khalil Gibran
1321. **A luta** – Norman Mailer
1322. **Sobre o sofrimento do mundo e outros ensaios** – Schopenhauer
1323. **Epidemiologia** – Rodolfo Sacacci
1324. **Japão moderno** – Christopher Goto-Jones
1325. **A arte da meditação** – Matthieu Ricard
1326. **O adversário secreto** – Agatha Christie
1327. **Pollyanna** – Eleanor H. Porter
1328. **Espelhos** – Eduardo Galeano
1329. **A Vênus das peles** – Sacher-Masoch
1330. **O 18 de brumário de Luís Bonaparte** – Karl Marx
1331. **Um jogo para os vivos** – Patricia Highsmith
1332. **A tristeza pode esperar** – J.J. Camargo
1333. **Vinte poemas de amor e uma canção desesperada** – Pablo Neruda
1334. **Judaísmo** – Norman Solomon
1335. **Esquizofrenia** – Christopher Frith & Eve Johnstone
1336. **Seis personagens em busca de um autor** – Luigi Pirandello
1337. **A Fazenda dos Animais** – George Orwell
1338. **1984** – George Orwell
1339. **Ubu Rei** – Alfred Jarry
1340. **Sobre bêbados e bebidas** – Bukowski
1341. **Tempestade para os vivos e para os mortos** – Bukowski
1342. **Complicado** – Natsume Ono
1343. **Sobre o livre-arbítrio** – Schopenhauer
1344. **Uma breve história da literatura** – John Sutherland
1345. **Você fica tão sozinho às vezes que até faz sentido** – Bukowski
1346. **Um apartamento em Paris** – Guillaume Musso
1347. **Receitas fáceis e saborosas** – José Antonio Pinheiro Machado
1348. **Por que engordamos** – Gary Taubes
1349. **A fabulosa história do hospital** – Jean-Noël Fabiani
1350. **Voo noturno** *seguido de* **Terra dos homens** – Antoine de Saint-Exupéry
1351. **Doutor Sax** – Jack Kerouac
1352. **O livro do Tao e da virtude** – Lao-Tsé
1353. **Pista negra** – Antonio Manzini
1354. **A chave de vidro** – Dashiell Hammett
1355. **Martin Eden** – Jack London
1356. **Já te disse adeus, e agora, como te esqueço?** – Walter Riso
1357. **A viagem do descobrimento** – Eduardo Bueno
1358. **Náufragos, traficantes e degredados** – Eduardo Bueno
1359. **O retrato do Brasil** – Paulo Prado
1360. **Maravilhosamente imperfeito, escandalosamente feliz** – Walter Riso

lepmeditores
www.lpm.com.br
o site que conta tudo

IMPRESSÃO:

PALLOTTI
GRÁFICA

Santa Maria - RS | Fone: (55) 3220.4500
www.graficapallotti.com.br